AF296978

DE LA
CHARITÉ
AU XIXᵉ SIÈCLE

Illustrations de
J. Maitrejean

CARITAS

Tolra
ÉDITEUR
PARIS

J. MAITREJEAN
1896

1633
1896.

PARIS. — IMP. TÉQUI, 92, RUE DE VAUGIRARD.

LES

ANGES DE LA CHARITÉ

AU XIXe SIÈCLE

A LA MÊME LIBRAIRIE

OUVRAGES DE LA MÊME COLLECTION

Au Pôle Nord en Ballon, par Léon VILLE. Illustrations de Paul Dufresne.

Les Corsaires d'Afrique, par Léon VILLE. Illustrations de Paul Dufresne.

Au Klondyke, par Léon VILLE. Illustrations de Paul Dufresne.

Le Robinson des Glaces. — Fridtjod Nansen, par Xavier DE PRÉVILLE. Illustrations de Paul Dufresne.

Les plus Heureux en ce monde, par J. DE LIAS. Illustrations de Paul Dufresne.

Les Martyrs du Devoir et de la Charité, par Gaston DE BROYES. Illustrations de Paul Dufresne.

L'Œuvre des Aïeux, *veillées historiques et patriotiques*, par l'abbé Emm. CHAMPD'AVOINE. Illustrations de Paul Dufresne.

La fin d'un Siècle sans Dieu, par Jean DE LIGNEAU. Illustrations de Paul Dufresne.

Un médecin sans diplôme. — Pasteur, par Xavier DE PRÉVILLE. 60 illustrations de Henri Bressler.

Le Ruisseau des Chouans. — *Scènes de la Chouannerie,* **—** par J. DE PLOMBRYANT. Illustrations de E. Bouard.

Trahison et dévouement, par A. MAITREJEAN. Illustrations de Louis Maitrejean.

Les Anges de la Charité au XIXe siècle, par Gaston DE BROYES. Illustrations de Louis Maîtrejean.

Le Conquérant du Nouveau-Monde (Christophe Colomb), par l'abbé MÉRESSE. Illustrations de Carloman.

Cinquième édition.

GASTON DE BROYES

LES ANGES DE LA CHARITÉ

AU XIXe SIÈCLE

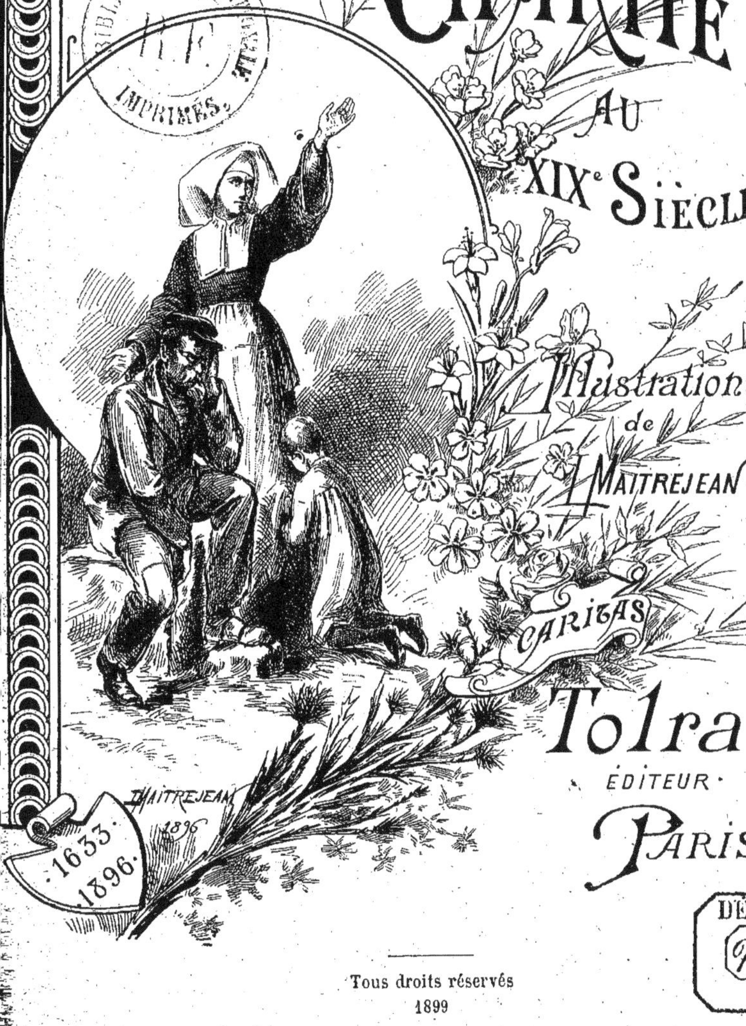

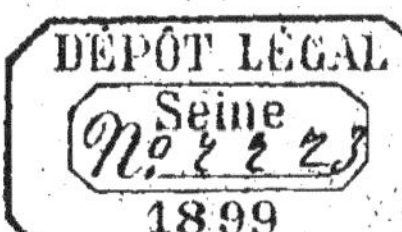

Illustrations de L. Maitrejean

CARITAS

1633 · 1896 ·

Tolra
ÉDITEUR · PARIS

LETTRES-PRÉFACES

DE

JULES SIMON *et de* FRANÇOIS COPPÉE

DE L'ACADÉMIE FRANÇAISE.

SÉNAT.

Monsieur,

J'ai beaucoup écrit sur les questions relatives aux Sœurs, j'ai fait même tout un livre, qui s'appelle Dieu, Patrie, Liberté. *J'ai aussi beaucoup discouru au Sénat. C'est moi qui ai fait rejeter l'article 7. Je crois que mon opinion est bien connue. J'avais d'ailleurs une raison presque personnelle pour combattre la laïcisation des hôpitaux et aimer les Sœurs, parce que* ma sœur était Sœur de Charité. Elle est morte, dans l'Amérique du Sud, supérieure d'un hôpital qu'elle avait fondé.

Je vous prie d'agréer l'assurance de ma considération distinguée.

JULES SIMON,

Sénateur.

Membre de l'Académie Française.

Mon cher Confrère,

En feuilletant, l'autre jour, Les Misérables, j'y relisais le portrait de la Sœur de Charité, tracé par saint Vincent de Paul et cité avec admiration par Victor Hugo :

« Elles n'auront pour monastère que la chambre des malades, pour cellule qu'une chambre de louage, pour chapelle que l'église de leur paroisse, pour cloître que les rues de la ville et les salles des Hôpitaux, pour clôture que l'obéissance, pour grille que la crainte de Dieu, pour voile que la modestie. »

Et l'immense majorité de ces saintes Filles réalisent cet idéal.

Il me semble piquant de citer le programme de saint Vincent de Paul, approuvé par Victor Hugo.

Sentiments confraternels.

FRANÇOIS COPPÉE,
De l'Académie Française.

INTRODUCTION

Sœur Rosalie.

On ne saura jamais écrire trop de pages pour parler des *Bonnes Sœurs*. Comme ce mot *Ma Sœur !* résonne délicatement aux oreilles. C'est que ce sont de saintes femmes ces *Anges de la Charité* qui laissent de si doux souvenirs de leur mission de piété et de dévouement.

Je les ai vues, nombre de fois, les Sœurs hospitalières, dans ces tristes salles d'hôpital où elles savaient faire luire un rayon de gaîté. Rien de triste et de lugubre comme ces salles aux blanches murailles, avec ces files de lits aux blancs rideaux ; on se sent le cœur pris comme dans un étau ; mais quand la Sœur entre avec un doux sourire sur les lèvres, le cœur s'épanouit et la tristesse s'envole. Je les ai vues causer tendrement, avoir des câlineries de jeunes mères, un bon mot pour tous, des prévenances incroyables. Et jamais un mot d'impatience, jamais un signe de colère. Où donc sont-ils ceux qui ont eu à se plaindre des Sœurs ? Citez donc des pétitions de malades se plaignant d'elles. Interrogez donc des ouvriers et voyez ce qu'ils en pensent. S'il est des femmes, des religieuses aimées du peuple, ce sont bien celles-là.

Je les ai vues les Sœurs de Marie-Auxiliatrice et les sœurs de Sainte-Anne à l'hôpital des jeunes filles poitrinaires de Villepinte et à l'hôpital des enfants tuberculeux, à Ormesson.

Le médecin en chef de l'hôpital, M. le docteur Gouël, me racontait que, lorsqu'il avait fondé cet hôpital et qu'il avait appelé pour les soigner les Sœurs de Marie-Auxiliatrice, il avait dit à la supérieure qu'il comptait que les Sœurs soigneraient les pauvres malades sans distinction de croyances et d'opinions, la Sœur supérieure s'était vivement empressée de répondre : « Monsieur le Docteur, la charité ne doit pas faire de distinctions religieuses ou politiques ; sans cela, elle ne serait pas la charité. »

Il faut avoir le courage que donne la foi pour faire ce qu'elles font à Villepinte, car rien n'est plus répugnant que de soigner des poitrinaires aux purulents crachats ; et elles font tout cela simplement, sans pose, le sourire aux lèvres.

Je les ai vues à Ormesson avec de pauvres bébés souffreteux que les docteurs cherchent à sauver du mal affreux qui les ronge si jeunes ; je les ai vues les comblant de soins, attentives à leurs moindres gestes, les gâtant comme de petites mères. Caché au coin d'une porte, j'admirai l'une d'elles qui avait pris par les mains un tout petit bébé de trois ans et le faisait danser en lui chantant doucement une ronde, souvenir d'enfance bretonne.

Je les ai vues aussi à l'œuvre à leur dispensaire de Paris, les Sœurs de Marie-Auxiliatrice ; j'ai vu ce que pouvait être la charité privée catholique. Là se présentent une foule de pauvres gens, hommes, femmes, enfants. On ne leur demande ni qui ils sont, ni ce qu'ils font, ni d'où ils viennent ; une Sœur leur donne en entrant un numéro d'ordre et ils passent à tour de rôle dans le cabinet du docteur qui les examine et dicte l'ordonnance à une Sœur.

La consultation terminée, ils passent dans une pièce voisine, la pharmacie, où se prépare les médicaments, et, à l'appel de leur nom, chacun d'eux reçoit les médicaments qui lui sont destinés, remercie la sœur et sort. Nulle enquête, nulle question indiscrète qui puisse froisser le pauvre. Il est malheureux, on le soigne, et c'est là le vrai rôle de la charité.

J'ai vu cela, et je me suis dit qu'il y avait bien loin de cette charité à celle des bureaux de bienfaisance laïques.

— D'où sortez-vous ?

— D'où venez-vous ?

— Qui êtes-vous ?

— Ne gagnez-vous pas par hasard au moins 15 francs par mois ?

— Apportez-vous des preuves que vous mourez de faim ?

Et quand le malheureux revient au bureau de bienfaisance, après avoir couru dans dix bureaux, on lui donne cinq francs pour vivre pendant un mois, lui, sa femme et ses enfants.

J'ai vu cela aussi, et je me suis dit que c'était une bien belle chose que la bienfaisance laïque.

Je les ai vues aussi dans leur maison de l'avenue de Breteuil, ces *Petites-Sœurs des Pauvres* que leurs vieux malades appellent tendrement *leurs bonnes petites mères*.

Il faut avoir un courage au-dessus de tout dévouement pour être Petite-Sœur des Pauvres. Pauvrement vêtue, tout habillée de noir, la Petite-Sœur passe son temps à quêter ou à soigner de pauvres vieux et de pauvres vieilles dont les plus jeunes ont au moins soixante-quinze printemps. La vie est bien sévère là et il faut avoir la foi militante pour y rester à soulager l'infortune. Celle qui vit dans cette maison aime les pauvres et les misérables, parce que Dieu a été pauvre et misérable, et parce qu'il n'a pas eu une pierre où reposer sa tête. Elle donne tout ce qu'elle a aux pauvres vieux qui n'ont plus rien. La table se compose, la plupart du temps, de reliefs apportés du dehors et les Sœurs ne mangent que quand tous les pauvres sont rassasiés. Elle n'ont aucun bien que ce qu'on leur donne, et c'est pour les vieux qu'elles mendient. Vous les avez tous vues, comme moi, le matin, allant deux par deux, avec une voiture qu'on leur prête, chercher les aumônes charitables en nature, ou les restes des grands restaurants. Elles rapportent cela à la maison, arrangent ces restes de leur mieux et, quand leurs pauvres n'ont plus faim, elles mangent à leur tour les restes de ces restes.

Où sont les mercenaires qui accepteraient cela ?

A l'hôpital, elles suivent toutes à la lettre les règlements des services des Sœurs des hôpitaux, règlements datant de plusieurs siècles et très sévères.

Ces règlements disent :

« Les Sœurs des hôpitaux doivent se lever à quatre heures

et se rendre dans les salles à cinq heures et y rester jusqu'à six heures un quart pour se livrer aux occupations du service ; distribution du premier repas aux malades et surveillance des soins du ménage.

« A six heures un quart elles doivent aller à la Messe et déjeuner à sept heures. Elles doivent se trouver ensuite dans les salles de sept heures et demie à midi et demi ; alors elles distribuent les médicaments, le repas de dix heures aux malades, surveillent la salle pendant le repas.

« A midi et demi a lieu le déjeuner et le repas. De deux à six heures, les Sœurs reprennent le service des salles, distribuent le repas de quatre heures et les médicaments prescrits pendant le jour.

« De six à sept heures un quart a lieu l'office, le dîner et le repos.

« De sept heures et demie à huit heures et demie a lieu la visite dans la salle et la distribution des médicaments du soir.

« Pendant la nuit, une religieuse est toujours de veille et fait, dans chaque salle, une première tournée entre dix heures et minuit et demi et une seconde de une heure à trois heures du matin. »

De plus, les Sœurs d'une salle sont toujours à n'importe quelle heure du jour ou de la nuit, et, au moindre appel, à la disposition entière des chefs de service, internes de garde, directeurs, etc. ; elles n'ont pas de temps à perdre, les saintes Filles de la Charité.

Et, après une journée de fatigue, si elles ont réussi à faire un peu de bien, elles peuvent, comme après la victoire, avoir leur *Te Deum*. Mais leur *Te Deum*, à elles, est une action de grâce silencieuse dont le cœur tressaille, mais que les lèvres ne murmurent même pas.

Et quand arrive le soir, elles dorment tranquilles, car elles ont le repos de l'âme. Et, dans leurs tendres rêves, elles voient comme récompense, la Vierge de toutes les miséricordes, de tous les pardons, la douce amie des pauvres et des infortunés, leur sourire tendrement et leur montrer le ciel.

Francs-maçons ou athées, vous dites qu'elles se trompent ?... Que nous importe, si elles croient que c'est là le salut !... De quel droit, parce que vous ne croyez à rien, parce que vous n'espérez rien, parce que votre âme est vide et désolée, parce que les ronces y poussent, parce que les reptiles y rampent, comme en une chapelle abolie, voulez-vous arracher de leur âme les lis mystiques, les lis d'où prend son vol l'espoir qui brûle leurs cœurs ?

Qu'est-ce que cela peut vous faire si elles veulent souffrir toute une courte vie pour mériter une éternité de délices.

Vous voyez bien qu'elles vivent dans la paix et que tout ce que la terre contient de bénédiction et de sérénité les enveloppe comme le nuage des assomptions bienheureuses.

Pourquoi les remplacer par d'autres, qu'en votre conscience vous savez bien ne pas les valoir?

Ces saintes femmes ont la passion des âmes, la folie de la charité, les autres ne sont que des mercenaires qui, vous le savez mieux que personne, honorables représentants, n'ont que la folie des places et la passion de l'avancement.

Il faut la foi, il faut la charité, il faut les espérances chrétiennes pour inspirer ces dévouements.

Il n'y a que les saintes et les saints pour faire aimer les malades et les pauvres comme ils ont le droit d'être aimés, parce que c'est Dieu même qu'ils aiment en eux ; or, je ne crois pas que l'on trouve beaucoup de saintes ou de saints en dehors des religieuses et des religieux de l'Eglise, en dehors de ces belles âmes qu'a appelées aux dévouements héroïques la parole divine.

Pourquoi les avez-vous chassées ? Mais arracher les Sœurs aux mains des malheureux, c'est arracher la bouée aux mains des naufragés.

Vous les avez jetées à la porte, au mépris de tous droits, de toute pitié.

Un matin, toutes ces bonnes Sœurs se sont réunies les larmes aux yeux, larmes furtives, bien vite essuyées, car il ne fallait faire de chagrin à personne ; elles ont fait une dernière ronde comme à l'ordinaire, donnant à tous, comme si rien d'extraordinaire allait se passer, une parole de consolation, d'espoir, un sourire d'amie ; elles ont dit ensemble une dernière prière, y mêlant ceux qu'elles laissaient et ceux qui les chassaient, montrant le ciel à ceux qui avaient des paroles de révolte, et jetant en arrière sur les salles aux blanches murailles et les lits aux blancs rideaux un dernier et humide regard, elles ont disparu silencieusement.

Les pauvres malades, dressés sur leur séant, regardaient, le cœur rempli d'angoisse, s'éloigner ces blanches cornettes semblables à des aubes s'agitant au vent, écoutant pour la dernière fois leurs douces paroles, ces paroles semblables à des caresses qui les berçaient dans leurs prières et les endormaient avec des rêves d'espoir, ces paroles qu'ils étaient toujours si heureux d'entendre et auxquelles elles joignaient un doux sourire, semblable à un soleil dans la nuit de l'hôpital ; entendant encore une fois le bruit des grains du chapelet qui leur annonçait l'arrivée de la Sœur venant tendrement se pencher sur leur chevet et leur demander s'ils n'avaient besoin de rien. Et ce matin-là, quand la dernière cornette eut disparu derrière la dernière porte, plus d'une tête se penchant sur l'oreiller le mouilla de larmes amères.

Les véritables et fidèles amies des pauvres étaient parties, et on pleurait comme on pleure une bonne mère.

Calmez-vous, vous ne pleurerez pas toujours, pauvres gens, car elles reviendront ; elles sont aimées du peuple et le peuple les rappellera, comme il a toujours su rappeler ceux qu'il aime.

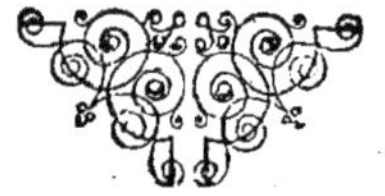

Saint Vincent de Paul

LE PORTRAIT DE LA SŒUR DE CHARITÉ

Le général Baron Ambert, qui a été à la fois un élégant écrivain militaire et un grand chrétien, a tracé de la *bonne Sœur* cet adorable portrait :

« Toutes les grandeurs de la Rome antique, toutes les philosophies de la Grèce ne présentent pas une figure aussi pure et aussi simple que celle de la Sœur. Elle est, dans son silence, le plus éloquent des envoyés. Ce qu'elle dit, sans remuer les lèvres, est le plus magnifique des chants de l'Eglise.

Ceux qui ont vu la Sœur sur un champ de bataille ne sauraient l'oublier. Faible et timide, elle surmonte les périls et la mort pour secourir des inconnus ; ses bras deviennent forts et sa main puissante. Son front ne s'incline pas sous la mitraille, et son œil mesure la profondeur d'une plaie pendant que la terre tremble sous ses pieds.

Supérieure aux passions et aux intérêts humains, cette femme s'élève jusqu'au ciel.

Le paganisme avait ses prêtresses. Les Grecs honoraient les jeunes filles qui vivaient au temple de Neptune, dans l'île de Cabaurie, celles du temple de Diane à Egire, celles de Minerve à Tégée et celles de Junon en Messémé. Ces prêtresses chantaient le génie tutélaire de l'Elide et brûlaient des parfums en son honneur. A Rome, les vestales, au nombre de six, faisaient des sacrifices pour le salut de l'Etat, entretenaient le feu sacré et gardaient le palladium. Ces vestales étaient entourées d'un tel respect que, lorsque les premiers magistrats ou les consuls les rencontraient, ils leur cédaient le pas et faisaient courber les faisceaux devant elles. Des licteurs les précédaient. Tout citoyen qui aurait insulté une vestale était puni de mort. La loi leur conférait le droit de faire grâce à un criminel conduit au supplice si elles le rencontraient sur leur chemin.

Il y a loin de ces prêtresses à nos religieuses. Les premières étaient au service de leur divinité ; les secondes, se dévouent à l'humanité, dont elles se font les servantes au nom du vrai Dieu. Cependant, cette société, à laquelle s'immolaient nos religieuses, ne leur accorde pas le respect dont jouissait la prêtresse dans l'antiquité païenne.

Mais notre Sœur dédaignerait le salut des faisceaux et l'escorte des licteurs. Aux armées et sous les voûtes de l'hôpital, elle trouve la reconnaissance des gens de guerre et la bénédiction des pauvres.

Que lui importe l'ingratitude d'un monde qui ne la connaît pas ! Elle poursuit sa route sans détourner la tête. Le soldat qui la salue, le pauvre qui s'incline, le petit enfant qui lui sourit, voilà la récompense que Dieu lui donne et qui est bien au-dessus des faisceaux et des licteurs.

Allez, ma Sœur, marchez toujours comme les envoyés ; les pierres du chemin déchireront vos pieds, vos mains seront ensanglantées par les ronces, vous souffrirez de la faim, du froid, et pas une douleur ne vous sera épargnée. Vous connaîtrez la persécution, peut-être même le martyre ; mais Celui qui vous a envoyée compte chacun de vos pas, il entend chacun de vos soupirs. »

LES
ANGES DE LA CHARITÉ

AU XIXe SIÈCLE

CHAPITRE PREMIER.

LES PREMIÈRES SŒURS DES HOPITAUX.

Saint Vincent de Paul, Mme Le Gras, Louise de Marcillac. — Les premières
Sœurs des Hôpitaux. — A l'hôpital d'Angers. — Le bien et le zèle. — Les
Sœurs des Hôpitaux en Pologne. — Les dévouements. — A l'Hôtel-Dieu. —
L'Hospice pour les artisans. — A l'Hospice général. — L'OEuvre des Aliénés. —
Un rayon de bonheur.

> Saint Vincent de Paul a dit des Sœurs des
> Hôpitaux : « *Elles auront pour monastères les
> maisons des malades, pour cellules quelques
> pauvres chambres, et bien souvent de louage ;
> pour chapelle, l'église paroissiale ; pour cloître,
> les rues de la ville ; pour clôture, l'obéissance ;
> pour grille, la crainte de Dieu, et, pour voile, la
> sainte modestie.* »

On sait que le grand saint Vincent de Paul fut le
fondateur des Sœurs de la Charité.

Il fut puissamment aidé dans son œuvre de bien par Madame
Le Gras, Louise de Marcillac (1), une infatigable collaboratrice.

Mme Le Gras avait montré le chemin aux Sœurs des
hôpitaux.

(1) 1591-1660.

Une Sœur, interrogée par saint Vincent de Paul, parlait ainsi de sa supérieure :

« Jamais on ne l'a entendue se plaindre de ses infirmités ; au contraire, son esprit y paraissait gai et content.

« Elle avait une grande affection pour les pauvres et prenait plaisir à les servir. Je l'ai vue recueillir des pauvres qui sortaient de prison ; elle leur lavait les pieds, les pansait et les revêtait des habits de son fils.

« Elle avait une grande charité pour les Sœurs infirmes. Elle allait souvent les visiter à l'infirmerie ; elle était bien aise de leur rendre quelques petits services ; elle avait grand soin de les assister avant la mort ; et, si c'était la nuit, elle se relevait, à moins qu'elle ne fût bien mal. Lorsque ses maladies l'empêchaient d'y aller elle-même, elle envoyait la Sœur assistante les voir de sa part, leur donner le bonjour et leur dire quelques mots de consolation. Elle tâchait aussi de visiter celles qui étaient en danger de mort dans les diverses paroisses de Paris. Sa tendresse pour ses chères Sœurs était si grande, qu'il fallait bien user de précaution pour lui apprendre que Dieu en avait disposé. Elle en était si touchée que, quelquefois, elle fondait en larmes, etc. »

A Angers, les administrateurs de l'hôpital étaient fort mécontents des filles à gages qu'ils employaient. Pas d'ordre, pas de propreté nulle part, pas de soins ; les malades souvent négligés, tel était le bilan de la situation. Tout était à refaire : qui pouvait mieux réformer un tel état de choses que les Filles de la Charité ? On fit appel à leur dévouement, et Vincent de Paul envoya Mme Le Gras.

La saison était rigoureuse, les chemins difficiles, Madame Le Gras souffrante. N'importe, elle partit ; c'était pour des malades ; la peste venait de se déclarer dans la région : comment laisser échapper une si belle occasion ?

Mais cette courageuse femme avait trop compté sur ses forces. A peine arrivée, elle tomba sérieusement malade. Le bruit s'en répandit aussitôt à Paris, où il causa une grande émotion. Mais Mme Le Gras, avec cette âme indomptable dans un corps si faible, voulut prouver que son mal n'était pas dangereux.

Couchée, abattue par la fièvre, elle fit venir autour de son lit les dames d'Angers qui s'intéressaient à son œuvre et les Sœurs qui devaient l'accomplir. Là, pendant que d'autres auraient refusé tout entretien, elle jeta les bases de l'établissement qu'elle allait fonder, s'enquit de la façon dont l'hôpital était dirigé, des réformes qu'on pouvait y apporter, et lorsqu'elle se releva, encore souffrante, mais toujours plus forte que le mal qui la minait, elle put présenter aux administrateurs une convention si précise, si juste, si claire, qu'il ne restait plus qu'à la signer.

Avec un tact et une netteté remarquables, elle avait réglé les pouvoirs des administrateurs et ceux du directeur de la Congrégation à Paris. Les droits et les devoirs de chacun étaient justement et admirablement pondérés, et l'avenir prouva quelle sagesse entrait dans ces conventions.

L'hôpital d'Angers prit bientôt une face nouvelle, et les malades s'aperçurent vite de la différence entre les infirmières à gages et les Sœurs de la Charité.

En effet, quelque temps après, la peste qui ravageait le pays éclata dans l'hôpital même. Les Sœurs étaient prêtes à la recevoir avec un admirable courage, un sang-froid vraiment étonnant chez des novices ; elles luttèrent sans cesse, sans trêve, contre le terrible fléau. Elles se multiplièrent tant, qu'enfin elles triomphèrent du mal. « Ce fut le baptême du feu » des Sœurs des Hôpitaux.

« C'est ainsi dit, M. P. Marcel, que cette belle congrégation des servantes des pauvres allait s'étendant de jour en jour à travers la France. Mais si son illustre fondateur ne devait point voir toutes ses conquêtes à l'étranger, il devait du moins assister à une fondation en Pologne.

Louise-Marie de Gonzague, lorsqu'elle allait à l'Hôtel-Dieu de Paris, avait pu admirer le zèle et l'intelligence des Sœurs de la Charité. Plus tard, devenue reine de Pologne, dans les plus mauvais jours de ce malheureux pays, elles se souvint de ces vaillantes Filles qu'elle avait vues à l'œuvre.

C'était l'époque terrible où l'Europe, secouée par d'épouvantables commotions morales et politiques, était d'un bout à l'autre sillonnée d'armées à tout moment décimées et sans cesse renaissantes.

La Pologne, déchirée par des luttes continuelles, râlait presque sous la botte des Cosaques, prélude affreux de son agonie. Son sol était jonché de ruines, le deuil était général.

Comme si ces malheurs n'étaient pas assez grands, la peste venait d'éclater au milieu des populations sans pain.

C'est alors que la reine écrivit à Vincent de Paul, le priant instamment de lui envoyer quelques-unes de ses Filles.

Sa demande fut accueillie avec empressement. Les calamités étaient si grandes en Pologne ! Où donc les Filles de la Charité auraient-elles été mieux placées ? Trois d'entre elles partirent, enviées de toutes les autres, et Mme Le Gras leur dit pour dernière recommandation : « Attachez-vous aux règles, comme le limaçon qui s'attache à sa coquille, et meurt s'il vient à la quitter. » Magnifique expression, et qui dit bien quel cas cette femme d'esprit faisait de la discipline.

Les trois Sœurs arrivent. Elles ne trouvent partout que terreur et désordre. Chacun fuit devant le fléau. Les malheureux pestiférés sont chassés comme des parias. On leur ferme les maisons ; ils meurent de faim, s'ils n meurent pas de la este. Les rues de Varsovie sont encombrées de cadavres putréfiés.

A peine ces courageuses Filles de Vincent sont-elles là, que tout est changé. Les monuments sont transformés en hôpitaux ; les pestiférés sont accueillis, ramassés dans les rues,

soignés ; le courage est enfin rendu à une malheureuse population affolée. Et ce sont trois Sœurs et quelques missionnaires qui opèrent à eux seuls ce prodigieux miracle. La reine de Pologne savait bien à qui elle s'était adressée.

Mais elle-même est gagnée par leur exemple. Se souvenant

des visites qu'elle faisait autrefois à l'Hôtel-Dieu et qu'elle n'a sans doute pas cessé de faire en Pologne, elle se rend parmi les pestiférés, les encourage et donne l'exemple à ses sujets. Elle répand les aumônes à profusion, et ambitieuse d'imiter la charité héroïque des Sœurs de saint Vincent de Paul, la reine de Pologne va jusqu'à se priver des choses les plus nécessaires, jusqu'à marcher avec des souliers percés, se privant de tout pour les malheureux.

Telle est cette contagion du bon exemple, que les persécuteurs veulent étouffer avant qu'elle n'envahisse les cœurs, comme s'ils craignaient d'être pris dans ses filets ! Qu'ils reposent tranquilles ; ces sublimes vertus ne fleurissent que dans les âmes d'élite ; ils n'ont rien à craindre.

La sœur Marguerite avait tout particulièrement attiré l'attention de la reine. Elle voulut même l'attacher à sa personne, et, pendant que les deux autres iraient à Cracovie, elle lui proposa de rester avec elle. Comme elle ne répondait pas et demeurait absolument saisie, la reine en manifesta son étonnement. « Madame, dit enfin cette courageuse Fille de Saint-Vincent de Paul, je suis aux pauvres ; je me suis donnée à Dieu pour le servir. Votre Majesté trouvera assez de personnes pour les mettre auprès d'elle ; permettez-moi de faire ce à quoi Dieu m'a appelée. » Et, fuyant cette amitié d'une reine comme un danger, elle courut à Cracovie, où l'appelaient les blessés et les pestiférés, les orphelins et les malheureux.

Telles sont ces vaillantes femmes. Les grands, les riches, les heureux les effraient ; elles n'ont de joie et de bonheur que parmi le peuple et ceux qui souffrent. Qui donc les persécuteurs attaquent-ils quand il les chassent, sinon le peuple ?

Cependant les fureurs de la guerre redoublent en Pologne. Les blessés Suédois, Tartares, Moscovites, Cosaques, Lithuaniens, Polonais, encombrent les hôpitaux, ceux du moins qui peuvent y entrer, et ne périssent pas, après d'épouvantables tortures, délaissés sur les champs de bataille. On ne peut se faire une idée de la désolation qui règne en ce malheureux pays. Les hommes valides sont à l'armée, et quelle armée ! Les vieillards, les enfants, les femmes, fuient en longs troupeaux, jour et nuit ; des flots de soldats et de barbares, qui nagent dans le sang, sèment la terreur et réduisent en cendres les villages et les villes.

Quelle barrière opposer à ce torrent ? quel remède à tant de blessures ?

Mme Le Gras envoie trois nouvelles Sœurs, trois privilégiées Que feront ces vaillantes Filles ? Oseront-elles aller à l'armée ? Jamais pareil spectacle ne se serait vu ! Oui, mais là-bas les souffrances sont horribles ; les blessés tombent sur les malades, et leur nombre est si grand qu'on n'a plus le temps de songer à eux. Elles iront !

Aujourd'hui, nous sommes faits à ce spectacle. Nous ne trouvons rien de plus naturel que de voir les cornettes des Sœurs sur les champs de bataille. Mais alors, pareille tentative c'était de l'audace. De l'audace, elles en avaient, et Vincent de Paul n'en manquait pas.

C'est à cette occasion qu'il écrivit à Mme Le Gras : « Je vais vous entretenir d'une chose qui vous causera sans doute une grande joie. Quoi ! des filles avoir le courage d'aller aux armées ! des Filles de la Charité, de la maison de Paris, vis-à-vis de Saint-Lazare, aller visiter les pauvres blessés, non seulement dans la France, mais jusque dans la Pologne !... Avez-vous jamais ouï dire qu'il se soit fait chose pareille, que des filles aient été aux armées pour semblable sujet ? Pour moi, je ne l'ai jamais vu. »

L'œuvre de l'Hôtel-Dieu ne devait pas tarder à attirer l'attention de saint Vincent de Paul et de ses bonnes Sœurs. Les malades pauvres de cet hôpital étaient fort bien soignés par les Sœurs Augustines, mais ils manquaient peut-être de certains adoucissements dont jouissaient ceux qui avaient de l'argent.

Elle proposa à saint Vincent de Paul d'adoucir le sort de ces malades et elle réunit une assemblée des Dames de la Charité.

Il y fut convenu que, tous les jours, quelques-unes d'entre elles se rendraient auprès de ces malades, et leur distribueraient des consommés, des gelées, des confitures et autres douceurs du même genre. Elles devaient s'entretenir avec eux, les encourager, les conseiller, faire en un mot la charité morale autant que matérielle.

Saint Vincent de Paul leur adjoignit plusieurs Sœurs de Charité. Mme Le Gras se mit naturellement à leur tête. Elle se donna même à cette œuvre nouvelle avec tant d'ardeur, que Vincent fut obligé de la modérer, et il lui écrivit : « D'être toujours à l'Hôtel-Dieu, il n'est pas expédient, mais d'y aller et venir, il est à propos. Ne craignez pas de trop entreprendre, en faisant le bien qui se présente à vous, mais craignez de faire plus que Dieu ne vous donne le moyen de faire. »

Pour subvenir aux frais de ces dons et venir en aide aux Dames de la Charité, Mme Le Gras eut l'idée d'apprendre à ses Filles à faire des conserves qu'elles vendaient ensuite dans Paris. Les bénéfices de ce petit commerce, joints aux aumônes des Dames de la Charité, suffirent à distribuer journellement des adoucissements à tous les pauvres malades de l'Hôtel-Dieu. Or, cet hôpital recevait douze cents malades, et l'on comptait qu'il y passait au moins vingt à vingt-cinq mille personnes par an.

Chaque jour, des Dames de la Charité, accompagnées de quelques Sœurs, venaient y faire leur visite. On y vit des

« princesses et des duchesses », et toutes, revêtant le tablier des simples infirmières, allaient d'un lit à l'autre, causaient avec chacun, distribuant davantage aux plus nécessiteux, s'enquérant des besoins de tous.

Elles se conformaient aux préceptes de Vincent de Paul. Il leur avait particulièrement recommandé la douceur et la modestie. Mme Le Gras était d'ailleurs avec elles pour leur donner l'exemple, et toutes le suivaient si bien, qu'on les voyait rester auprès des malades « pendant des heures entières, souvent au péril de leur vie ».

C'est là, comme nous l'avons dit, que la future reine de Pologne apprit à connaître les Sœurs de Saint-Vincent de Paul, c'est-à-dire à les apprécier.

Les enfants trouvés.

Une autre œuvre ne tardait pas à naître à côté des précédentes. Nous voulons parler des Enfants-Trouvés.

Rien de bien sérieux n'avait été fait jusqu'alors pour ces pauvres créatures abandonnées. Tout au plus peut-on signaler quelques tentatives sans résultat de Marguerite de Valois en 1536. En 1545, le Parlement était parvenu à faire loger 136 orphelins à l'hôpital de la Trinité, mais dans quelles conditions ! A peine ces pauvres petits êtres pouvaient-ils se tenir sur leurs jambes, qu'on les envoyait mendier dans les rues. A part ces 136 privilégiés, — quels privilégiés ! — les autres étaient abandonnés à leur malheureux sort.

A l'époque où Vincent de Paul et Mme Le Gras songèrent à s'occuper de ces malheureux, la misère et l'immoralité abandonnaient des centaines d'enfants, à Paris seulement. On en trouvait dans les rues, sous les portes cochères, sur le seuil des églises, partout. Et pour obvier à tant d'infanticides, il n'y avait qu'une maison connue sous le nom de *La Couche,* où une veuve était chargée de prendre les enfants que la police lui apportait. Or, l'argent faisait absolument défaut, cette veuve ne pouvait entretenir que deux nourrices, — deux nourrices pour tous les enfants abandonnés dans la capitale ! Conséquemment, la plupart mouraient de faim. Le nombre de ceux qui étaient admis à jouir de ces tristes privilèges était d'ailleurs très restreint, la maison étant absolument insuffisante.

Comme on ne savait qu'en faire, on commençait à les endormir avec du laudanum, puis on les vendait au premier acheteur. Le prix, dans les bonnes années, était de vingt sous par tête, dans les années médiocres, de quinze sous, et quand les temps étaient tout à fait mauvais, de dix sous !

Quels pouvaient bien être les acquéreurs de cette étrange marchandise ? des âmes charitables ? Non, mais des mendiants, qui estropiaient, déformaient, défiguraient, martyrisaient à plaisir ces malheureuses victimes, pour les exposer ensuite sur le Pont-Neuf ou partout ailleurs, et provoquer ainsi la commisération du public. D'autres, moins malheureux peut-être, étaient égorgés pour servir à de prétendues opérations magiques ; d'autres enfin massacrés, pour que de soi-disant malades, mais des criminels manifestes, pussent se baigner dans leur sang, où ces monstres croyaient retrouver la santé !

En somme, Vincent de Paul affirmait que pas un enfant abandonné n'avait survécu depuis cinquante ans.

Comment ne se serait-il pas ému d'une pareille situation, lui, le père des pauvres ? Depuis quelque temps déjà, il méditait, avec Mme Le Gras, d'entreprendre cette œuvre nouvelle, lorsqu'une nuit, revenant à Saint-Lazare, il aperçut dans l'ombre un de ces affreux mendiants, dont Paris était alors infesté, qui estropiait un enfant. A ce spectacle, la douleur habituelle de saint Vincent de Paul fait place à une juste colère. « Ah ! barbare, s'écria-t-il ; de loin, je vous avais pris pour un homme. » Il lui arrache sa proie, et, indigné de ces actes de barbarie, heureux d'avoir sauvé une victime du bourreau, il porte en toute hâte le pauvre petit être aux Filles de la Charité.

L'*Œuvre des Enfants-Trouvés* était fondée.

Quelques jours après, Vincent de Paul convoquait les dames de la charité et leur dépeignit toute l'horreur des traitements qu'on faisait subir aux enfants abandonnés, et, pour les convaincre elles-mêmes de la situation, il les conviait à se rendre à *La Couche*. Elles en revinrent profondément attristées et résolurent sur-le-champ de remédier à tant d'atrocités. Il fut statué qu'on commencerait par recueillir douze petits orphelins dans une maison qu'elles loueraient dans ce but. Les Filles de la Charité furent chargées de l'entretien.

On se servit d'abord de lait de chèvre et de vache ; puis, en ayant reconnu l'insuffisance, on fit venir quatre nourrices.

Vincent de Paul écrivit alors un *Règlement*, et nomma gouvernante de la maison une veuve, Mme Pelletier, qu'il chargea, avec Mme Le Gras, de faire tous les huit jours un compte rendu de ce qui se passait.

Le budget s'éleva pour cette première année à 2.121 livres 16 sous ; la location de la maison, à elle seule, figurait pour 300 livres.

A partir de ce moment, et quelque minimes que fussent les ressources de l'Œuvre, on voit Vincent de Paul parcourant chaque soir les rues et les carrefours de Paris, pour sauver les enfants abandonnés. Puis, il revient à la maison, en rapportant un, quelquefois deux, sous son manteau. Le local est bien étroit, mais on trouve toujours quelque petit coin pour le nouveau venu.

C'est dans une de ces courses charitables qu'il fut un soir

arrêté par des malfaiteurs. Déjà ils s'apprêtent à le dépouiller ; mais, à peine s'est-il nommé que, honteux et tremblants, ils tombent à ses pieds et implorent leur pardon.

Telle était la vénération qui déjà entourait le nom de Vincent de Paul.

Capefigue, dans sa *Vie de saint Vincent de Paul*, dit avoir eu sous les yeux un manuscrit très curieux. Il s'agit d'un journal tenu par les Filles de la Charité, et où elles auraient inscrit, au jour le jour, ce qui concernait l'Œuvre des Enfants-Trouvés.

Les lignes suivantes en donneront une idée :

« Le 22 janvier. M. Vincent est arrivé vers onze heures du soir ; il nous a apporté deux enfants ; l'un peut avoir six jours, l'autre est plus âgé. Ils pleuraient, les pauvres petits ! La Sœur supérieure les a confiés à des nourrices.

« Le 25 janvier. Les rues sont pleines de neige. Nous attendons M. Vincent, il n'est point venu ce soir.

« 26 janvier. Le pauvre M. Vincent est transi de froid. Il nous arrive avec un enfant ; il est sevré, celui-là. C'est pitié de le voir : il a les cheveux blonds et une marque au bras. Mon Dieu ! mon Dieu ! qu'il faut avoir le cœur dur, pour abandonner ainsi une pauvre petite créature !

« 1er février. L'œuvre va lentement : nous avons bien besoin des charités publiques.

« 3 février. Quelques-uns de nos pauvres petits sont revenus de nourrice ; ils paraissent bien portants. La plus âgée de nos petites filles a cinq ans ; sœur Victoire lui apprend à lire le catéchisme ; elle commence à faire quelques ouvrages d'aiguille. L'aîné de nos garçons, qui s'appelle André, apprend à merveille.

« 7 février. L'air est bien vif. M. Vincent est venu nous visiter. Il a couru bien vite à ses petits enfants. C'est merveille

Il lui arracha sa proie et indigné de ces actes de barbarie. (Page 30.)

d'entendre ses douces paroles. Les petites créatures l'écoutent comme un père. J'ai vu ses larmes couler. Un de nos enfants est mort. « C'est un ange, s'est-il écrié, mais il est bien dur de « ne plus le voir ! » etc.

Cependant le nombre des enfants recueillis va sans cesse grandissant. Mme Le Gras et ses Filles n'ont jamais le cœur de refuser ceux qu'on leur présente. Et pourtant les revenus, pendant plusieurs années, ne dépassent pas 1.400 livres. C'est une lutte terrible de la charité contre la nécessité. La charité ne veut pas plier, elle se multiplie. Il arrive pourtant un jour, où, accablée par ce fardeau au-dessus de ses forces, Mme Le Gras se demande comment elle pourra continuer. L'étroite maison est insuffisante à recevoir tant de nouveaux hôtes. Les refuser, c'est décréter leur mort. On les place alors chez des dames du dehors, mais encore faut-il payer ces femmes, et l'argent fait de plus en plus défaut. Louis XIII a beau constituer une rente de 4.000 livres pour l'œuvre, et la régente, Anne d'Autriche, en donner 8.000, les dépenses sont toujours bien supérieures aux donations. En 1644, elles se montent à plus de 40.000 livres. Les Sœurs obtiennent enfin un local suffisant, le château de Bicêtre, que leur donne la reine. Mais les frais de transport, les difficultés de communication entre Bicêtre et Paris, à cause du mauvais état des chemins, la perte de temps qui en résulte, ne sont point pour calmer les appréhensions de Mme Le Gras. « Ce magnifique lieu, que l'on croit être aux petits enfants, la grande condition des personnes qui le gouvernent », sont eux-mêmes un danger pour l'œuvre, chacun aimant à croire qu'elle ne manque de rien. « Je crains bien qu'il ne nous faille quitter le service de ces pauvres petits », s'écrie avec douleur Mme Le Gras.

L'idée d'un tel abandon serre le cœur de saint Vincent de

Paul. Il veut encore faire un dernier appel à la charité des donatrices. Il les convoque. « Vous êtes libres ; vous n'avez pris aucun engagement, leur dit-il, vous pouvez abandonner ces malheureuses petites créatures ; mais avant de le faire, songez aux épouvantables résultats de votre décision. »

Chacun connaît la péporaison de ce beau discours, un des premiers chefs-d'œuvre de l'éloquence française, et qui justifie bien cette parole d'un ancien, que c'est le cœur qui rend éloquent Elle est partout, et cependant nous la reproduisons encore : c'est un de ces passages qu'on ne se lasse pas de relire.

« Or sus, Mesdames, s'écria le grand Saint devenu tout à coup grand orateur, la compassion et la charité vous ont fait adopter ces petites créatures pour vos enfants. Vous avez été leurs mères selon la grâce, depuis que leurs mères selon la nature les ont abandonnées. Voyez maintenant si vous voulez aussi les abandonner. Cessez d'être leurs mères pour devenir leurs juges : leur vie et leur mort sont entre vos mains. Je m'en vais prendre et les voix et les suffrages : il est temps de prononcer leur arrêt, et de savoir si vous ne voulez plus avoir de miséricorde pour eux. Ils vivront, si vous continuez d'en prendre un charitable soin, et, au contraire, ils mourront et périront infailliblement, si vous les abandonnez. L'expérience ne vous permet pas d'en douter. »

A ces mots, les dames fondent en larmes ; sur-le-champ il est décidé que l'œuvre sera continuée, et qu'il sera fait une quête nouvelle. Mme Le Gras eut enfin un moment de tranquillité ; mais, hélas ! il fut de bien courte durée.

Les grandes familles, déjà atteintes par la guerre étrangère, furent, pour la plupart, ruinées par la guerre civile ; les dons devinrent plus rares, et Mme Le Gras eut encore une fois presque tout à sa charge. Le déficit se creusa, plus effrayant que jamais. Tout vint bientôt à manquer, le linge, les ustensiles, le pain. Il fut impossible de trouver des nourrices, parce qu'on ne pouvait les payer. « Cela est pitoyable, s'écriait Mme Le Gras, que ces dames se mettent si peu en peine ! Croient-elles que nous avons de quoi faire subsister l'œuvre, ou veulent-elles nous contraindre à la quitter ? »

Tout autre eût abandonné l'œuvre ; mais c'est aux heures difficiles qu'éclatent surtout les vrais dévouements.

Le mal est grand ; l'infatigable zèle de Mme Le Gras et de ses Filles sera plus grand encore.

Elle multiplie les quêtes, elle en fait faire dans les églises, à domicile, partout. Les Dames de la Charité qui n'ont plus rien à donner, vont quêter elles-mêmes. Elle est la première à donner l'exemple. Elle frappe à toutes les portes, et implore la pitié de tous, pour ses « cent pauvres petits enfants, menacés de n'avoir pas de pain. »

Quand elles ont prodigué les soins à *leurs enfants*, les Sœurs, au lieu de se reposer, travaillent pour eux et s'efforcent de leur gagner quelque argent.

Elles vendent tout ce qu'elles ont. Elles-mêmes fabriquent le pain. Enfin, comme ces milles mesures sont insuffisantes encore, elles retranchent sur leur propre nourriture. Il ne faut pas que les enfants souffrent ; les Sœurs ne prendront plus qu'un repas par jour, et quel repas !

Ce n'est qu'au prix de tels sacrifices que l'œuvre subsiste, mais elle subsiste. Que faut-il davantage ?

En 1690 enfin, Louis XIV accorde aux *Enfants-Trouvés* des revenus considérables, avec l'existence légale.

A la fin du XVIIe siècle, leur nombre s'élevait à 1.600 ; en 1776, ils sont près de 7.000.

« L'admirable institution, dit Porquet, s'étendit à toutes les provinces, et partout, les enfants exposés trouvèrent un berceau, des mères, une famille préparée par la religion et par une administration chrétienne. » Magnifique résultat, mais que de peines, que de travaux, que d'énergie indomptable il avait fallu à ses fondateurs ! Pourquoi faut-il que l'ingratitude humaine oublie la source de tant de bienfaits ?

Chacune de ces œuvres était suffisante à absorber la vie entière d'un homme et d'une femme ordinaires. Mais saint Vincent de Paul et Mme Le Gras n'étaient pas des âmes ordinaires, et rien ne suffisait à apaiser la soif de charité qui les dévorait. L'idée d'une misère non soulagée les obsédait, et ils ne pouvaient reposer tranquilles, tant qu'ils savaient que des infortunes étaient sans secours.

Il est bien permis de s'étonner qu'ils aient pu suffire à tant d'œuvres que nous venons d'énumérer, et pourtant, nous n'en avons pas encore terminé la liste.

Hospice pour les artisans.

En 1653, un bourgeois charitable de Paris, qui connaissait particulièrement Vincent de Paul et avait par conséquent appris à l'apprécier, lui remit une somme considérable, à charge de l'employer à telle bonne œuvre qu'il lui conviendrait. Cet homme charitable ne voulut pas que son nom fût connu, et il est resté ignoré de tous jusqu'à nos jours. C'est ainsi que s'accomplit la charité selon l'Evangile.

Vincent de Paul, quelque liberté qu'il eût de disposer de cet argent comme bon lui semblerait, ne voulut pas néanmoins l'employer sans avoir prévenu le donateur de l'usage qu'il se proposait d'en faire. Il lui soumit donc un projet qu'il nourrissait depuis longtemps, et le bienfaiteur s'empressa d'y souscrire.

Si la misère, résultat du vice, est elle-même digne de pitié, combien plus ne doit pas intéresser celle qui survient malgré le travail et une bonne conduite? Rien n'est plus triste que de voir des hommes honnêtes, courageux, qui, après avoir travaillé sans repos toute leur vie, tombent tout à coup dans l'infortune, parce que leurs bras ne peuvent plus agir. L'incapacité de travail qui résulte de la vieillesse ou des infirmités, incapacité qui devient la source d'une ruine complète chez l'ouvrier qui ne peut économiser et vit au jour le jour, tel était le mal auquel Vincent se proposait d'apporter un remède.

Il en avait déjà longuement causé avec Mme Le Gras, et l'un comme l'autre avaient résolu d'y donner leurs soins. Mais l'argent avait jusqu'alors fait défaut; il était venu enfin providentiellement. Il ne s'agissait plus que de mettre le projet à exécution ; ce fut chose promptement faite.

Une maison fut achetée dans le faubourg Saint-Laurent, convenablement meublée, et l'on reçut de suite quarante pensionnaires, vingt hommes et vingt femmes, que l'on logea dans deux corps de bâtiments distincts. Saint Vincent de Paul, dont la prudence était presque égale à la charité, constitua avec le reste de l'argent une rente pour subvenir aux frais de l'œuvre.

Mais comme la plupart de ces ouvriers, s'ils ne sont plus capables de gagner leur pain, peuvent encore faire quelque travail et qu'il serait à craindre de les laisser dans une complète oisiveté, Vincent et Mme Le Gras décident de leur procurer des occupations. On fait choix « de métiers utiles et dont le produit soit facile à débiter, tel que celui de ferrandinier, de tisserand, de serger, dont l'ouvrage servira en partie à l'usage de la maison... de boutonniers, de dentellières, de couseuses de gants qui les sachent garnir, de couturières en linges, qui pourraient avoir de l'ouvrage des lingères des halles et autres, de faiseuses d'épingles, » etc. « Pour mettre l'œuvre en bon train, Mme Le Gras veut qu'on ne regarde pas à la dépense. »

Inutile de dire que les Sœurs de Charité sont chargées du service de la maison.

Elles s'en acquittent avec tant de zèle et d'intelligence, la maison de retraite est de suite mise sur un si bon pied, que les Dames de la Charité y puisent l'idée d'une autre œuvre, plus belle, plus grande encore.

Hospice général pour tous les pauvres.

La charité naît de la charité, comme l'égoïsme de l'égoïsme.

Sur 700.000 habitants que comptait Paris, 40.000 au moins ne vivaient que d'aumônes, faux estropiés, mendiants honteux le jour et menaçants la nuit, vagabonds de toute espèce, qui se retiraient, la tâche faite, dans des espèces de tanières hideuses qu'on appelait les *Cours des Miracles*. Ce peuple de misérables, dont quelques-uns étaient dignes de pitié, dont la plupart n'eussent mérité que la prison, était, pour la capitale, à la fois une honte et un danger.

Plus d'une fois, des rois et d'habiles ministres avaient tenté d'arrêter le mal et d'y remédier, mais leurs efforts avaient été vains, tant l'entreprise était difficile.

Où la puissance d'hommes éminents et au pouvoir avait échoué, la charité de quelques femmes ne craignit pas d'agir.

L'idée d'une immense maison où seraient recueillis tous les vagabonds de Paris, vint donc à la duchesse d'Aiguillon et à son amie, Mlle de Lamoignon, en visitant l'asile des vieillards.

Le projet était si vaste et paraissait si ambitieux pour des femmes, qu'elles n'osèrent pas d'abord s'en ouvrir à saint Vincent de Paul ; mais l'ayant communiqué à Mme Le Gras, qui l'avait approuvé, elles tentèrent cette grande démarche.

Vincent fut d'abord effrayé par l'exposé d'un projet qui ne visait à rien moins qu'à la suppression du paupérisme à Paris. Toutefois, une dame de charité lui ayant offert une somme de 50.000 livres dans ce but, et une autre une rente de 3.000 livres, il le prit en sérieuse considération. Puis, toutes réflexions faites, comme, malgré d'immenses difficultés, l'entreprise devait être d'une utilité capitale et d'un secours très considérable pour les malheureux, il l'approuva.

Dès qu'on eut connaissance de son assentiment, les dons arrivèrent comme par enchantement. Ce fut d'abord la reine, qui lui fit remettre la maison de Salpêtrière, puis Mazarin, qui envoya 100.000 écus, le chancelier Pompone de Bellièvre, 20.000, Mme de Bullion, 60.000 livres, etc. Toutes les oppositions, oppositions du Parlement comme de la Cour, tombèrent devant cette nouvelle : saint Vincent approuve le projet et consacre à l'œuvre le château de Bicêtre.

Enfin, par un édit de 1656, Louis XIV décréta la construction du plus magnifique asile qui se fût fait pour les pauvres, et que Fléchier appelle « l'une des plus grandes créations du siècle ». Cette *nouvelle ville*, selon le mot de Bossuet, se peupla d'abord de cinq mille mendiants et bientôt de vingt mille.

L'*OEuvre des Aliénés* devait aussi recevoir les soins des Sœurs des Hôpitaux.

Les aliénés étaient alors enfermés comme des malfaiteurs dans *l'Hôpital des Petites-Maisons*. On ne se doute guère aujourd'hui de quelle façon ils étaient traités. Le désordre le plus complet y régnait, et l'hôpital était plutôt un véritable enfer quand les Sœurs y furent appelées.

Voici, d'ailleurs, d'après deux grands médecins aliénistes, MM. Camus et Pastoret, un tableau des hôpitaux d'aliénés à cette époque :

« Les aliénés à Paris, ont-ils écrits, étaient divisés en deux catégories : les curables et les incurables. Deux salles de l'Hôtel-Dieu étaient affectées au traitement des curables, l'une pour les hommes, l'autre pour les femmes. Les rapports administratifs du temps nous apprennent que la salle Saint-Louis, celle des hommes, contenait dix lits à quatre places et deux petits lits ; la salle Sainte-Martine, celle des femmes, contenait dix grands lits à quatre places et six petits lits. Ainsi, on couchait ou plutôt on garottait sur le même lit quatre pauvres insensés, qui s'irritaient par les excitations incessantes de cette odieuse communauté, et dont le mal, guérissable peut-être par le calme et l'isolement, cédait rarement au traitement suivi dans de telles conditions.

« Quelques places dans ces salles étaient expressément réservées aux hydrophobes.

« L'aliénation mentale était associée et mise en contact avec la rage.

« Dans ces salles étroites, infectes, vivait, maltraitée par ses propres gardiens, cette triste population. Les furieux n'étaient point séparés des paisibles ; un traitement presque uniforme était appliqué à tous. La plupart restaient indéfiniment attachés sur leur lit. Pas de préau où ils pussent respirer un air salubre ; pas même de promenoir intérieur, et, par conséquent, pas d'exercice possible.

« Quant aux aliénés réputés incurables, ils étaient distribués selon leur sexe, soit à Bicêtre, soit à la Salpêtrière. Les loges de Bicêtre étaient d'anciens cabanons destinés aux criminels, elles n'avaient pas plus de six pieds carrés, et ne recevaient de jour que par la porte. La paille du grabat où l'on enchaînait l'aliéné, était pourrie, et rarement renouvelée. Les loges de la Salpêtrière étaient en pire état encore ; il y en avait qui étaient placées à trois mètres en contre-bas du sol, au niveau des égoûts, glaciales et ruisselantes d'eau. »

C'est dans ces véritables bagnes de la souffrance que les Sœurs demandèrent à entrer. Elle apportèrent là un rayon de paix et un peu de bonheur.

Nous ne pouvons résister au désir de citer encore un témoin :

« Les fous, assure-t-on, dit M. Cosnier, comme arrêtés par une force mystérieuse, n'adressent point aux Sœurs les injures dont ils sont prodigues envers d'autres, et ne cherchent point à les frapper. La vérité de cette exception, si extraordinaire qu'elle soit, m'a été démontrée en plusieurs occasions. Voici peut-être la plus évidente :

« Amené à grand'peine par deux gendarmes, un jeune homme, en proie à un paroxysme d'exaspération et doué d'une force athlétique, était renfermé dans une de ces loges (destinées aux fous furieux). Bien qu'il ne fut pas dégagé de tous ses liens dans la prison, il avait réussi à déchirer ses vêtements. Le lendemain de son arrestation, un de MM. les chefs de la Clinique, apprenant qu'un fou furieux était détenu de la veille, alla le voir avec ses élèves, afin d'apprécier sur le vif les symptômes de la terrible maladie. A la demande du docte professeur, on ouvrit la loge ; mais le fou, indigné de cet examen, prit une attitude si hostile, que l'on s'empressa, en fermant la porte, de mettre une barrière infranchissable entre les curieux et l'objet de l'intéressante leçon.

« Dans l'après-midi de ce jour, la supérieure, après m'avoir raconté l'histoire du pauvre insensé, me proposa de lui rendre visite. A notre approche, quelle fut ma surprise de trouver la cellule ouverte et de voir une Sœur occupée à servir le repas du fou, tranquillement assis à table, comme le plus paisible des rentiers ! « Vous êtes imprudente, sœur G..., dit la supé-
« rieure, ce malheureux peut vous porter un mauvais coup. »
— « Pauvre innocent, répondit la compatissante gardienne, il y est doux comme un agneau du bon Dieu. Quand même,
« vous le savez, ma sœur, ils ne me font jamais de mal. »

CHAPITRE II.

Les hôpitaux avant la Révolution. — Sous la Terreur. — En l'an II de la République. — Le rappel des Sœurs par Napoléon Iᵉʳ. — Un témoignage de l'année 1793. — La sollicitude de l'Empereur pour les Sœurs de Charité. — La Sœur des hôpitaux, son dévouement, ses qualités. — La patience, l'héroïsme de la Sœur phtisique. — Les Sœurs à l'hôpital militaire. — Les Sœurs dans les pays lointains. — Les Sœurs et les épidémies. — La guerre de Crimée.

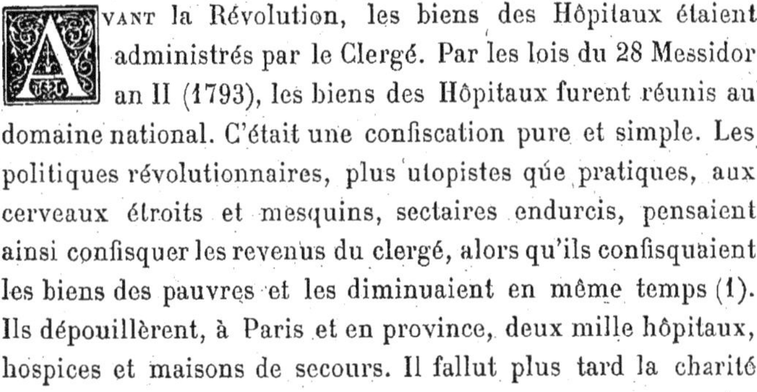

vant la Révolution, les biens des Hôpitaux étaient administrés par le Clergé. Par les lois du 28 Messidor an II (1793), les biens des Hôpitaux furent réunis au domaine national. C'était une confiscation pure et simple. Les politiques révolutionnaires, plus utopistes que pratiques, aux cerveaux étroits et mesquins, sectaires endurcis, pensaient ainsi confisquer les revenus du clergé, alors qu'ils confisquaient les biens des pauvres et les diminuaient en même temps (1). Ils dépouillèrent, à Paris et en province, deux mille hôpitaux, hospices et maisons de secours. Il fallut plus tard la charité

____

(1) En 1790, ces revenus étaient de 8.087.000 et, en 1796, de 2.300.000 francs à peine.

privée pour reconstituer la fortune des établissements hospitaliers. En même temps qu'ils volaient les hôpitaux, les démocrates de 1793 mettaient à la porte les sœurs hospitalières, qui ne rentrèrent que grâce à Napoléon.

Citons quelques faits sous la Révolution.

Le 3 septembre, les administrateurs de l'Hôtel-Dieu d'Angers étaient convoqués par le maire, dans le but d'exiger le changement de costume des Sœurs et le serment que prescrivait le Comité du Salut public. La Commission n'était pas composée de révolutionnaires ; mais il fallait céder aux volontés des despotes. On engagea donc les Sœurs à obéir : toutes refusèrent.

C'est en vain que les administrateurs, gagnés par l'attitude digne et modérée de ces saintes Filles, s'efforcèrent, dans ce qu'ils croyaient être leur intérêt, d'arracher ce consentement. Rien ne les fit plier.

Voici d'ailleurs ce qu'on lit au procès-verbal :

« Ce jour, mardi, 3 septembre mil sept cent quatre-vingt-treize, l'an II de la République une et indivisible, les administrateurs de l'Hôtel-Dieu, ayant été instruits que, d'après les pétitions faites le jour d'hier à la *Société des amis de la Liberté et de l'Egalité* de cette ville, les corps administratifs se disposaient à demander aux Sœurs de cet hôpital le serment prescrit par les décrets et un changement dans leur costume, que de suite on avait établi aux portes de cet Hôtel-Dieu un corps de garde composé de quinze hommes, se sont assemblés extraordinairement sur les huit heures du matin. Ils ont cru devoir prévenir les Sœurs de ce qu'ils avaient appris par la voix publique et les engager à se soumettre à la loi, comme ils l'avaient fait précédemment à différentes fois, en leur représentant que leur refus pourrait occasionner les plus grands désordres dans cette maison, et que les pauvres malades en souffriraient beaucoup. En conséquence, ils se sont transportés à la dispense, où ils ont trouvé la Supérieure de cette maison et trois autres Sœurs, ses assistantes. Ils leur ont fait part des motifs qui les amenaient, les ont beaucoup exhortées à prêter le serment dont il s'agit et à changer leur costume, en leur exposant que la loi les assujétissait à ces deux points.

« Elles ont répondu que les décrets concernant le serment ne regardaient que les fonctionnaires publics ; qu'elles n'étaient point dans ce cas ; qu'elles n'étaient point institutrices, et que leurs seules fonctions étaient de gouverner les malades et de leur donner tous les soins qui dépendaient d'elles ; que leur façon de penser n'avait point jusqu'à ce moment troublé l'ordre public, et ne les avait pas empêchées de veiller à leurs malades, ainsi qu'elles l'avaient toujours fait ; que, par ces raisons, elles se croyaient dispensées de tout serment, et qu'elles n'en prêteraient aucun ;

« Que, par rapport à leur vêtement, il était de l'intérêt de la maison qu'elles ne le changeassent point ; que leurs robes n'étaient point dispendieuses, qu'elles duraient au moins douze ou quinze ans, les faisaient reconnaître plus aisément par les malades lorsqu'ils avaient besoin de leurs services, et leur en imposaient ; que, d'ailleurs, s'il fallait vêtir à neuf les trente-neuf Sœurs qui étaient dans cette maison, ce serait une dépense de près de douze mille livres, et que l'entretien annuel en occasionnerait une autre de cent cinquante livres de plus pour chacune d'elles ; qu'en tout cas, si on exigeait absolument cette innovation dans leur costume, elles s'y conformeraient ; que, depuis plus d'un an, aucune d'elles n'était sortie de la maison, et qu'elles continueraient à ne point sortir, si on leur conservait leur vêtement ordinaire.

« Les administrateurs, après avoir renouvelé leurs instances auprès des Sœurs, pour les déterminer à acquiescer à ce qui est énoncé ci-dessus, et leur avoir fait sentir tous les inconvénients qui résulteraient de leur refus, comme aussi après avoir engagé la Supérieure à communiquer à toutes ses Sœurs les observations et représentations qu'ils venaient de lui faire, se sont retiré dans leur bureau, et ont rédigés le présent procès-verbal les jours et an que dessus.

« *Signé* : GRILLE aîné, vice-président,

SARTRE, COUSTARD, AVENEAU,

BÉGUYER-CHAMBOUREAU. »

La persécution fut un moment suspendue, pendant le siège d'Angers par les Vendéens. Les révolutionnaires, admirablement soignés par les Sœurs, et préoccupés, d'ailleurs, du soin de leur défense, oublièrent pour un temps leur haine.

Mais ce calme ne fut pas de longue durée, et voici ce qu'on lit dans les procès-verbaux :

« Le 18 pluviôse de l'an II de la République française une et indivisible, les officiers municipaux ont bien voulu se transporter, avec leurs écharpes, au nombre de quatre, à l'Hôtel-Dieu, et le bureau s'étant ensuite assemblé, tous ensemble prirent l'arrêté suivant :

« Considérant qu'il importe beaucoup à l'ordre public de supprimer et faire démolir dans cette maison tous les objets quelconques qui pourraient tendre à alimenter le fanatisme malheureusement trop dominant depuis longtemps, il est arrêté que de suite, autant qu'il sera possible, tous les autels et autres monuments qui existent dans l'ancienne chapelle et dans les salles de cette maison, seront démolis, en observant avec la plus grande attention de mettre à part ce qui serait bon salpêtre,

pour en faire don à la République ; également que les croix qui
se trouvent dans la maison seront enlevées, et l'on y substituera
au principal pignon un bonnet de la Liberté avec un pavillon
tricolore ; comme aussi toutes les inscriptions qui se trouvent
dans le réfectoire des Sœurs, seront effacées et remplacées par
les Droits, décrétés par la dernière Constitution, et autres
maximes de cette nature : enfin il sera peint, dans les deux
grandes salles des malades, sur deux grands tableaux existant
maintenant dans la salle ordinaire du bureau d'administration,
la déclaration des Droits de l'Homme, en caractères aussi lisi-
bles que faire se pourra. »

(Suivent les signatures.)

Le maire revient donc à la charge, et exige que les Sœurs
prêtent le serment prescrit par la loi du 4 août 1892, sermen
« d'être fidèles à la République, d'en maintenir de tout
leur pouvoir l'unité et l'indivisibilité, ainsi que la Liberté et
l'Egalité ».

« Le 20 ventsôe an II, raconte M. Cosnier (1), les Sœurs
furent mises en état d'arrestation. La force armée vint les arracher à leur cher et saint asile. Conduites à la prison des Péni-
tents, elles y furent enfermées avec des femmes de mauvaise
vie. Ces malheureuses, en voyant entrer dans leur cour des
compagnes aussi inattendues, furent saisies d'une émotion si
vive, que, se jetant à genoux, elles implorèrent leur
bénédiction.

« Les instances pour la prestation du serment avaient duré
six mois, du 9 septembre 1793 au 13 mars 1794. La longueur
de ces délais, en donnant une preuve de la fermeté de ces vail-

(1) Son père avait été témoin de ces événements.

lantes femmes, démontre aussi les sympathies de la population à leur égard, puisque ses représentants ne négligèrent aucun effort pour conserver les Sœurs, objets du respect et de l'attachement universels.

« On sait quelle fut leur destinée. La commission militaire, insensible aux vertus des bienfaitrices du peuple, comme aux supplications de leurs obligés, si nombreux surtout parmi les pauvres gens, condamna à la peine de mort les sœurs Marianne Vaillant et Odile Beaugard, comme principales instigatrices de la résistance. Les saintes victimes reçurent au champ des martyrs la palme qui, en leur ouvrant le ciel, devint le gage de l'union indissoluble de leur ordre avec la cité témoin du sacrifice de leur sang virginal...

« Le 10 février 1794, par une matinée pluvieuse et froide, le passage d'une *chaîne* de condamnés, — c'était la septième, — fut annoncé dans la rue Baudrière, par l'apparition de plusieurs suppôts du club des Jacobins en costume de sans-culottes, carmagnole et bonnet rouge. Ils couraient en criant d'une voix sinistre : « Ouvrez les boutiques ! Ouvrez les boutiques ! » Cet ordre était donné pour qu'on ne fermât pas les maisons, ainsi qu'on l'avait fait à la vue des premières victimes. Nous citons la rue Baudrière, parce que nous tenons la plupart des détails suivants de témoins alors fort jeunes, mais dont la mémoire a toujours été frappée des terribles scènes qui se passaient sous leurs yeux, ou du moins sous les yeux de leurs parents. Dans ces jours de deuil, les femmes et les enfants se retiraient dans les pièces du fond du logis, où l'on restait en prière jusqu'à la cessation du bruit ; mais les hommes devaient se montrer près du seuil des portes, sous peine d'être arrêtés comme suspects.

Peu après la disparition des crieurs, un roulement signalait l'approche du lugubre cortège. Il était précédé d'une bande de

mauvais sujets débraillés et souvent ivres. On voyait ensuite
s'avancer *comme un triomphateur*, raconte l'abbé Gruget, un
mulâtre de haute taille, Alexandre Julien, dit *Lindor*, affublé
des oripeaux de tambour-major ; puis, venaient les tambours

et un groupe de musiciens qui soufflaient à la diable, en alter-
nant l'air du *Ça ira* avec ceux de la *Carmagnole* et de la *Mar-
seillaise*. Ils étaient suivis par les juges de la Commission militaire ; en tête, le président, Félix, accompagné de Goupil,
Hudoux, Laporte et consorts, tous empanachés, ceints de lar-

ges écharpes, d'où pendait un sabre, qu'ils tiraient en le bran-
dissant pour exciter 'es acclamations, mais l'écho restait muet.
Partout régnait un silence de mort. Les stipendiés de l'avant-
garde répondaient seuls aux *Vive la République* lancés par les
puissants du jour,

« Quel cœur n'eût été glacé ou exaspéré à l'aspect du défilé
de la chaîne ! Elle était composée en majeure partie de pauvres
paysannes de la Vendée, de *brigandes,* selon le terme alors en
usage. On y remarquait des jeunes filles de seize ans à peine,
des ouvriers, des domestiques, peu de personnes de condition'
— celles-là étaient réservées pour l'échafaud de la place du
Ralliement ; — le petit peuple en formait presque la totalité,
et les femmes dépassaient les trois quarts. Les prisonniers, atta_
chés deux à deux à une corde centrale, origine du nom de
chaîne, étaient flanqués de gardes, écume de ces bataillons dits
Parisiens, rebut eux-mêmes de la capitale, qui, tout en se
parant du titre de *Vainqueurs de la Bastille,* n'avaient jamais
su que fuir dans les champs de la Vendée. Ils se vengeaient de
leur lâcheté sur les prêtres et sur les femmes.

« La funèbre colonne, en descendant la rue Baudrière,
comptait près de deux cents condamnés. Elle devait trouver du
renfort dans les prisons de la Doutre, et finit par contenir au
moins trois cents personnes. Ce fut le plus considérable des
huit convois qui, dans l'espace de trois mois, la précédèrent ou
la suivirent au bois d'Avrillé. En prenant la rue Saint-Nicolas,
il y eut un court arrêt devant le Bon-Pasteur, dont la chapelle
est devenue magasin, et l'on en vit sortir plusieurs prison_
nières, entre autres les sœurs Marianne et Odile, qui furent
attachées à l'extrémité de la *chaîne.*

« A l'aspect de tout cet appareil, la pauvre Odile, qui était
la plus jeune, pâlit et chancelle. Son cœur est saisi d'épouvante.

Elle craint que son courage ne soit pas à la hauteur d'une si grande épreuve :

« — Ma Sœur, ma chère Sœur, lui dit Marianne, vous ne
« faiblirez pas. La grâce d'en-haut vous soutiendra. Cette cou-
« ronne que nous avons tant désirée est tout près de nous.
« Encore quelques pas et nous l'atteindrons. »

« Une personne pieuse leur apporte des voiles :

« — Non, non, répond Sœur Marianne, nous ne cacherons
« pas nos visages. Est-ce donc une honte de mourir pour
« Jésus-Christ? Puisse au contraire toute la ville nous voir, et
« apprendre de nous comment on meurt pour sa foi ! »

Le convoi s'ébranle de nouveau. Marianne soutient sa trem-
blante compagne : elle la console, elle l'encourage. Puis, quand
elle voit qu'Odile marche d'un pas plus ferme, elle s'adresse
aux autres condamnés ; en leur montrant le ciel, elle ajoute :

« — Encore un effort, et la victoire est à nous ! »

« Tous se résignent, tous veulent mourir comme Marianne
et Odile.

« Mais si puissante que soit la grâce, la nature semble parfois y résister. Accablée sous le poids des émotions, Sœur
Odile s'affaisse et s'évanouit.

« La marche est arrêtée, les conducteurs s'irritent, blasphè-
ment, et, comme les bourreaux de Notre-Seigneur Jésus-Christ
dans la voie douloureuse, frappent les Sœurs pour qu'elles se
relèvent et avancent. Marianne fait à son amie un rempart de
son corps. Elle prie, elle conjure d'attendre quelques instants ;
ses caresses vont rendre la vie à la pauvre défaillante. Enfin,
les forces reviennent à cette douce victime, dont une main
blessée par les coups est couverte de sang. On repart. En
entrant dans l'enclos de la Haie-aux-bons-Hommes, Sœur
Marianne récite d'une voix forte les litanies de la Sainte

Vierge : « Sainte Marie, priez pour nous !... Porte du ciel,
« priez pour nous... »

On eût dit une pieuse procession, entrant, pour se reposer,
dans un sanctuaire béni.

« Les condamnés, selon le terme de M. Gruget, sont rangés
en bataille devant l'immense fosse. Les Sœurs, qui, étant à la
fin de la *chaîne*, n'avaient pas été aperçues du plus grand nombre, s'avancent vers le milieu des rangs en continuant le chant
sacré : « Des Sœurs ! et des Sœurs de l'hôpital ! Aussi elles !
« Ce n'est pas possible, elles ne doivent pas mourir comme
« nous ! »

« Tout se réunissait pour empreindre les humbles femmes
d'un prestige surnaturel : elles étaient de taille élevée, elles
étaient jeunes et belles, belles surtout de l'enthousiasme du
martyre, de cette splendeur idéale que Dieu donne au visage
de ses élus, lorsqu'ils ne semblent plus de la terre. Cette vision
frappe tellement les condamnés, qu'oubliant leur propre
détresse, ils ne pensent qu'à sauver leurs admirables compagnes. Ce sentiment trouve soudain son expression dans un élan
qui naguère avait arraché à la mort les cinq mille [prisonniers
de Saint-Florent : « Grâce pour les Sœurs ! » dit une voix, et
cent autres répètent : « Grâce pour les Sœurs ! Grâce pour
« les Sœurs ! » Mais Bonchamps n'était pas là ; des Vendéens
y étaient, mais comme condamnés sans pitié, et non comme
juges miséricordieux.

« Cependant, le mouvement est si vif, si irrésistible, que le
commandant des exécuteurs y cède lui-même. Spontanément,
il s'avance vers les Sœurs et leur dit :

« — Citoyennes (je copie le véridique abbé Gruget), il est
« encore temps d'échapper à la mort dont vous êtes menacées.
« Vous avez rendu des services à l'humanité. Quoi ! pour un
« serment qu'on vous demande, vous voudriez donner votre

« vie et discontinuer les bonnes œuvres que vous avez tou-
« jours faites ? Qu'il n'en soit pas ainsi ; retournez dans votre
« maison, continuez à rendre les services que vous avez tou-
« jours rendus ; ne faites pas le serment, puisqu'il vous répugne
« et qu'il vous contrarie ; je prends sur moi de dire que vous
« l'avez prêté, et je vous donne ma parole qu'il ne vous sera
« rien fait, ainsi qu'à vos compagnes détenues [en prison.

« — Merci, Monsieur, répondit Sœur Marianne, pour votre
« offre généreuse. Notre conscience nous a défendu de prêter
« le serment ; nous ne voulons point passer pour l'avoir fait. »

« Atterré par ces paroles, l'officier garde le silence ; il tient
inclinée l'arme qui doit donner le signal du massacre. Puis,
levant la tête, il se tourne vers le président de la commission,
qui lui répond par un geste impérieux. Alors, d'un air désespéré, il lève son épée et la fusillade éclate.

« D'ordinaire, les victimes étaient divisées par sections de
vingt qui se succédaient au bord de la fosse. Le piquet
d'exécution se plaçait à trente pas en arrière, et, après la
décharge, achevait les survivants à coups de sabre et de
baïonnette.

« On ignore si le groupe des Sœurs fut compris dans les
premiers assassinats ; on présume qu'il fut réservé pour la fin
du supplice, dans l'espoir que tant d'horreurs fléchiraient leur
résolution. Ce que l'on sait, c'est qu'elles ne cessèrent pas
leurs pieux cantiques ; les autres groupes les imitaient, sans
être interrompus par les cris des blessés. Seulement les chants
perdaient de la force, à mesure que les voix diminuaient, jusqu'à ce que les derniers accents ne furent plus entendus que
des anges.

« A la fusillade, Sœur Odile est frappée de plusieurs balles.
Sœur Marianne n'a qu'un bras de brisé. De l'autre, elle soutient son amie sanglante et inanimée. Puis, levant les yeux

au ciel, on l'entend répéter les paroles suprêmes : « Pardon-
« nez-leur, mon Dieu, ils ne savent pas ce qu'ils font. » A
peine la prière achevée, les exécuteurs se précipitant sur les
blessés consommèrent l'épouvantable carnage. »

Telle fut la fin héroïque de ces saintes femmes, mises à mort
pour avoir fait leur devoir et pratiqué toutes les vertus.

Leurs compagnes devaient subir le même supplice. La supérieure de Saint-Jean, Antoinette Tailhade, enfermée au Bon-
Pasteur, allait être exécutée à son tour. Mais l'indignation
soulevée par le supplice des sœurs Odile et Marianne avait été
trop visible, en dépit de la dissimulation nécessitée par la
Terreur, et les Sœurs restées à Saint-Jean réclamèrent avec
tant de force en sa faveur, que les révolutionnaires crurent
prudent de céder.

Ces fous furieux durent donc se contenter de la déportation
à Cayenne pour elle et les dix-huit autres Filles de la Charité
réfractaires. Quatre-vingts religieuses d'autres ordres, condam-
nées à la même peine, leur furent adjointes, et, toutes, attachées deux à deux par des cordes, furent conduites au port
Liguy, tambour en tête, comme pour la fusillade, la guillotine
ou la noyade.

On les embarqua, entassées dans un bateau à peine garni
d'une légère couche de paille, dépouillées de tout, couchées les
unes sur les autres, traitées grossièrement ; les malheureuses
voyagèrent ainsi pendant quatre jours. Arrivées à Nantes, on
les enferma au Bouffay, sans lit, sans paille, n'ayant pour
toute nourriture que du pain et de l'eau malpropre.

De là, elles furent conduites à Lorient, exténuées, couchant
en route où elles pouvaient, dans la paille et la vermine.

C'était ainsi que ces misérables récompensaient de longues
vies de dévouement et de sacrifice.

A Lorient, elles devaient être embarquées pour la Guyane.

L'on en vit sortir plusieurs prisonnières, entre autres les sœurs Marianne et Odile...
(Page 52.)

Déjà le navire était appareillé, quand le 9 thermidor permit enfin à la France meurtrie, ensanglantée, de commencer à respirer.

Il résulte d'ailleurs, ainsi que le témoigne une note envoyée au *Soleil* le 21 avril 1890, par M. Wallon, membre de l'Institut, ancien ministre, que déjà, à la date de 1795, on reconnaissait l'importance des soins donnés par les Sœurs.

Voici ce que M. Wallon écrivait :

« A l'appui des revendications si légitimes qui se font en ce moment pour le bien des malades admis dans les hôpitaux, il n'est peut-être pas sans intérêt de produire un témoignage inédit, d'une origine bien peu suspecte. C'est un rapport d'un agent du Ministre de l'Intérieur, en mission à Nancy, à la date du 29 juin 1793 (après la Révolution du 13 mai). Il mentionne d'abord les Frères de Saint-Jean-de-Dieu, dont il dit :

« On peut considérer cette maison comme une réunion de médecins et de chirurgiens qui exercent gratuitement leur art dans tout le département, portant aux malheureux les secours dont ils ont besoin dans leurs maladies. C'est assez vous dire, citoyen ministre, combien un pareil établissement est précieux pour l'humanité et combien il importe qu'il puisse être maintenu. »

Puis il signale l'hôpital Saint-Charles, et trois autres tenus par les Sœurs, et il ajoute :

« Il me serait difficile, citoyen ministre, de vous faire connaître combien sont respectables le zèle et l'activité de ces femmes, et avec quel ordre vraiment admirable ces maisons sont entretenues, et les malades, les enfants ou les vieillards confiés à leur surveillance sont soignés. C'est là qu'on apprend tout ce que peut le véritable amour de l'humanité et quels miracles produit une économie qu'il dirige. La plupart de ces maisons ont perdu la moitié ou les trois quarts de leurs revenus, et je n'ai pas vu qu'un seul de leurs malades pût s'en apercevoir. Je ne balance pas à le dire : il n'y a que des femmes élevées dans cet état et décidées à y consacrer leur vie entière qui puissent se livrer aussi efficacement à tant de soins minutieux et importants. »

C'est l'agent d'un ministre de l'intérieur de 1793 qui parle ainsi.

Quand fut passée la tourmente révolutionnaire par des arrêtés en date des 27 octobre et 3 décembre 1802, les pouvoirs publics rétablirent les aumôniers dans les hôpitaux. A la même date et par la même occasion, les Sœurs de Charité reprenaient leur poste, au chevet de la souffrance.

Dans un rapport de l'éminent jurisconsulte Portalis (1), nous trouvons ces belles paroles :

« Nous devons remarquer, pour l'honneur de notre nation, que c'est en France que le sexe le plus délicat et le plus sensible a donné, le premier, l'exemple des œuvres de charité et de miséricorde... Nous devons remarquer que la *religion catholique seule a produit des institutions pareilles.* » Et Portalis terminait par ces sages paroles : « Il est bon de profiter de nos *richesses.* »

Ce sont de *véritables richesses,* comme l'a si bien dit Portalis. Mais les administrateurs de l'Assistance publique se moquent un peu de ces richesses morales-là. Ils ne peuvent supprimer les médecins, qui sont les sommités du monde médical de Paris, et ils se rattrappent sur les pauvres sœurs qu'on expulse sans

---

(1) Cette pièce, dont je ne vous donne qu'un fragment en épreuve, se trouvera dans le cinquième volume de mes *Représentants en mission;* mais en attendant, on peut en voir l'original aux Archives nationales, carton F¹º, 55ı, dossier *Thierry.*

merci, pour les remplacer par des laïques. La municipalité parisienne a cyniquement imposé ce remplacement.

Quand Napoléon arrive au pouvoir, un de ses premiers soins est de penser aux Sœurs de Charité. Il sent par intuition tous les services qu'elles peuvent rendre à ses blessés, à ses soldats. Il lance le décret suivant :

« Le Ministre de l'Intérieur, considérant que les lois du 14 octobre 1790 et 18 août 1792, en supprimant les corporations, avaient conservé aux membres des établissements de charité, la faculté de continuer leurs actes de bienfaisance, et que ce n'est qu'au mépris de ces lois que ces institutions ont été désorganisées ;

« Considérant que les secours accordés aux malades ne peuvent être assidûment administrés que par des personnes vouées par état au service des hospices et dirigées par l'enthousiasme de la charité ;

« Considérant que parmi tous les hospices de la République, ceux-là sont administrés avec plus de soins, d'intelligence et d'économie, qui ont rappelé dans leur sein les anciens élèves de cette sublime institution, dont le seul but était de former à la pratique de tous les actes d'une charité sans bornes, etc.,

« Arrête :

« ARTICLE PREMIER. — La citoyenne Duleau (ailleurs Deleau), ci-devant supérieure des Filles de la Charité, est autorisée à former des élèves pour le service des hospices.

« ART. 2. — La maison hospitalière des orphelines, rue du Vieux-Colombier, est mise, à cet effet, à sa disposition.

« ART. 3. — Elle s'adjoindra les personnes qu'elle croira utiles au succès de son institution, et elle fera choix des élèves qu'elle jugera propres à remplir ce but.

« ART. 4. — Tous les élèves seront assujettis aux règlements de discipline intérieure de la maison.

« ART. 5. — Le gouvernement paiera une pension de 300 francs, pour chacun des élèves dont les parents seront reconnus dans un état d'indigence absolue.

« ART. 6. — Les fonds nécessaires pour subvenir aux besoins de l'institution seront pris sur les dépenses générales des hospices. Ils ne pourront pas excéder la somme de 12.000 francs.

« CHAPTAL. »

A la suite de ce premier décret, les Filles de la Charité revinrent en grand nombre.

Quelque temps après, paraissait un second décret :

« Du 24 vendémiaire an XI.

« Les consuls de la République, sur le rapport du conseiller d'Etat chargé de toutes les affaires concernant les cultes, arrêtent ce qui suit :

« ARTICLE PREMIER. — Les Sœurs dites de la Charité sont autorisées, comme par le passé, à se consacrer au service des malades dans les hôpitaux et dans les paroisses, et à l'instruction des pauvres filles. »

« ...ART. 8. — Les Sœurs infirmes ou hors de service par leur âge seront entretenues aux dépens de l'hospice dans lequel elles seront tombées malades ou dans lequel elles auront vieilli.

« Le premier consul,

« BONAPARTE. »

Le 9 fructidor an X, Portalis, sur la demande du premier consul, lui avait adressé un rapport « sur le régime des Sœurs de la Charité », où il disait entre autres choses :

« Elles avaient 430 établissements à l'époque de la Révolution ; elles n'en ont plus aujourd'hui que 240. »

Après avoir reconnu qu'elles ont pour objet principal « le soin de donner des secours partout où l'on rencontre l'humanité pauvre et souffrante », il ajoutait, appuyant un aveu bien étonnant de Voltaire lui-même :

« L'expérience a prouvé que ces Sœurs ont constamment opéré le bien de l'humanité souffrante. Dès que l'on s'est occupé des hospices, on a eu recours à leur piété et à leur zèle. Leur établissement est national. Il est né en France ; il est le fruit de la religion de nos pères ; on en est redevable à un fondateur, à la fois religieux et philosophe, qui a mérité d'être placé au premier rang des bienfaiteurs du genre humain. »

En même temps, Portalis écrivait à un préfet :

« Il ne faut pas oublier tous les grands biens dont l'humanité souffrante est redevable aux Sœurs de la Charité. Là où il n'y a pas de semblables institutions, les administrateurs sont forcés de confier ces services à des agents, à des *mercenaires, dont on peut à peine surveiller les fraudes et à qui on ne saurait recommander des vertus* (1)... Autre chose est de régir des revenus ; autre chose est de consoler et de soigner des malades... »

Bonaparte avait vu les dignes Sœurs à l'œuvre et il pensait faire *un grand honneur* à sa mère en la nommant *Protectrice* des Sœurs :

« Au Palais des Tuileries, le 2 germinal an XIII.

« Napoléon, Empereur des Français, décrète :

« *Madame, mère de l'Empereur,* est nommée *Protectrice des Sœurs Hospitalières* dans toute l'étendue de l'Empire français. »

Et ce n'était pas seulement dans son palais, mais en temps de guerre, loin de la France même, que Napoléon pensait aux Sœurs de la Charité.

(1) Ne dirait-on pas que cela a été écrit en 1896,

« Varsovie, le 6 janvier 1807.

« Napoléon, Empereur des Français et roi d'Italie,

« Sur le rapport de notre Ministre des Cultes, nous avons décrété ce qui suit :

« ARTICLE PREMIER. — *La maison dite de la Croix, sise rue de Charonne, faubourg Saint-Antoine, à Paris, sera mise à la disposition de Madame la Supérieure générale des Sœurs de la Charité de Saint-Vincent de Paul,* par notre Ministre de la Guerre, avant le 1er juin 1807.

« ART. 2. — Cette maison sera la maison chef-lieu de l'association. Les novices y feront leur temps de probation, et les Sœurs qui, à cause de leur âge et de leurs travaux, ne pourront continuer un service actif, *y trouveront un asile pour leur vieillesse.*

« NAPOLÉON. »

Le grand capitaine s'occupait de la vieillesse des Sœurs. C'est raide, n'est-ce pas, chers conseillers municipaux, vous qui vous occupez plutôt de faire un sort ou d'assurer un abri aux prostituées !

Mais ce n'est pas tout, il faut encore lire l'arrêté suivant :

« Palais de Fontainebleau, 30 septembre 1807.

« Sur le compte qui nous a été rendu des avantages qui résultent pour nos peuples de l'institution des Sœurs de la Charité et autres établissements consacrés au service des malades et des pauvres ; reconnaissant avec satisfaction que ces utiles et pieuses associations ont répondu à notre attente et aux encouragements que nous leur avons accordés jusqu'à ce jour ;

« Et désirant en étendre le bienfait à toutes les parties de notre empire et nous assurer les moyens les plus propres à parvenir à notre but ;

« Nous avons décrété et décrétons ce qui suit :

« ARTICLE PREMIER. — Il sera tenu un chapitre général des établissements des Sœurs de la Charité et autres consacrés au service des pauvres.

« Art. 2. — Ce chapitre se tiendra à Paris, dans le palais de Madame notre Mère, qui présidera ledit chapitre, assistée de notre Grand Aumônier. L'abbé de Boulogne, notre aumônier, fera les fonctions de secrétaire.

« Art. 3. — Chaque établissement enverra, à ce chapitre, un député ayant une connaissance particulière de la situation, des besoins et du nombre de chaque maison.

« Art. 4. — Ce chapitre sera invité à faire connaître ses vues sur les moyens les plus propres à étendre les institutions, de manière à ce qu'elles fournissent à la stabilité des établissements consacrés aux malades et aux pauvres. »

A Fontainebleau, Napoléon ne pensait pas seulement aux *carpes*, il pensait aussi aux malades et aux pauvres !

Ce chapitre général dura du 27 novembre au 3 décembre et, le 12 décembre 1807, Portalis en rendait ainsi compte à l'Empereur :

« Sire,

« Le chapitre général de toutes les associations religieuses de Dames charitables, convoqué par Décret de Votre Majesté impériale et royale, en date du 30 septembre dernier, a eu lieu à Paris et sous *la présidence de S. A. I. Madame votre auguste mère*, assistée de S. A. Em. Mgr le cardinal, grand aumônier de l'Empire. M. l'abbé de Boulogne, aumônier ordinaire de Votre Majesté, faisait les fonctions de secrétaire.

« Votre Majesté impériale et royale, par sa décision du 7 octobre dernier, m'autorise à engager MM. les préfets des départements à avancer aux Sœurs députées les frais de leur voyage...

A ce chapitre général, les Sœurs avaient demandé un secours annuel de 25.000 francs, afin de fournir aux demandes des hôpitaux militaires.

Napoléon répondit à cette minime demande par le décret suivant :

« Palais des Tuileries, le 3 février 1808.

« Nous, Napoléon, Empereur des Français, Roi d'Italie, Protecteur de la Confédération du Rhin, avons décrété et décrétons ce qui suit :

« ARTICLE PREMIER. — Il est accordé sur le budget des dépenses du ministère des cultes, pour la présente année 1808, une somme extraordinaire de cent quatre-vingt-deux mille cinq cents francs aux différentes maisons des Sœurs de la Charité, pour frais de premier établissement, laquelle somme sera employée conformément à l'état ci-joint.

« ART. 2. — Une somme de cent trente mille francs sera portée tous les ans sur le budget du même ministère, pour les dépenses annuelles de ces maisons.

« ART. 3. — Toutes les maisons que les différentes associations de Sœurs de la Charité ont demandées pour le service de leurs établissements leur sont accordées.

« La répartition et l'emplacement des maisons qui leur sont accordées seront conformes à l'état ci-joint.

« ART. 4. — Notre ministre des cultes nous fera un rapport général sur les différents établissements, et nous proposera, dans le plus court délai, le détail de leurs institutions et l'esprit général de ces établissements. »

Telle était la pensée de Napoléon sur les bienfaits des Sœurs de Charité.

Mais, à ces noms, il ne faut pas oublier celui de Chaptal et rappeler ce qu'il fit pour les Sœurs

Il avait vu à l'œuvre l'expérience de la laïcisation poursuivie pendant plus de dix ans, en conséquence des lois révolutionnaires.

Les résultats de cette leçon de choses nous sont rapportés par Chaptal, alors chargé du service de l'assistance publique comme ·nistre de l'intérieur ; il les a consignés, au milieu de ses souvenirs, dans un très curieux volume que vient de publier le vicomte Chaptal.

Chaptal, à la suite d'une visite à l'Hôtel-Dieu, constate l'état déplorable des hospices, en l'an 1800, sous la main d'une régie d'intérêt contraire à celui des pauvres : dans les salles supérieures, des fous attachés aux quatre pieds de leurs lits empêchant par leurs cris les autres malades de reposer, « n'éprouvaient la charité publique que par un martyre qui finissait avec la mort ». Ailleurs, deux mille moribonds, mal tenus, mal nourris, sont entassés pêle-mêle, sans distinction de sexe ou d'états pathologiques.

Il fallait créer de toutes pièces un personnel hospitalier ; le ministre institua d'abord un conseil général d'administration, recruté parmi des hommes illustres pour lesquels la charité pouvait être un devoir, au moins un sentiment. Ce n'était pas assez :

« J'eus à peine formé le Conseil général et arrêté les règlements et les principales améliorations que je sentis la nécessité de rétablir les Sœurs hospitalières qui, se dévouant par état aux soins des malades, exercent leurs pénibles fonctions avec une abnégation d'elles-mêmes, une résignation, une intelligence, qui en font la Providence consolatrice des malheureux

« L'expérience venait de nous prouver, pendant dix ans, que les femmes les plus vertueuses, les plus charitables de la société, qui les avaient remplacées, après leur suppression, n'avaient pu atteindre à ce haut degré de perfection. »

Pour goûter toute l'autorité, toute la saveur de ces louanges décernées officiellement aux Filles de la Charité, il faut se rappeler ce qu'était Chaptal : un athée, haut dignitaire des loges maçonniques, qui, plus d'une fois, a maugréé, spirituellement, contre la corvée des cérémonies à Notre-Dame. Mais cet athée, l'un des plus précieux collaborateurs de Bonaparte, dans son plan de réorganisation universelle, ministre de génie, qui a marqué tous les services publics du sceau de son activité dévorante, se préoccupait d'abord de l'intérêt général ! Esprit libre et éclairé, il cherchait la meilleure solution sans se soucier des préjugés ou des passions que soulève l'ignorance. La haine sectaire est exclusive de l'ampleur des idées : elle fera des Jacobins, elle ne produira jamais un administrateur.

Ce même Chaptal, visitant un jour l'hôpital de Lyon, fut surpris d'y trouver les anciennes religieuses, sans costume, sans décoration, habillées comme des femmes du monde. « J'en témoignai mon étonnement aux administrateurs ; je leur observai que le costume seul inspirait le respect, les égards, l'obéissance aux malades, aux infirmiers, aux étrangers, et j'ordonnai que toutes celles qui avaient conservé leur costume et leur croix s'en revêtissent de suite... et comme plusieurs n'en avaient plus à leur disposition, je donnai 2.000 francs à la supérieure pour leur en acheter. »

Il reconnaît ailleurs que les infirmiers destinés à servir les malades « devraient posséder les vertus humaines dont les Sœurs donnent l'exemple », l'amour du sacrifice et du dévouement qu'elles empruntent à la religion et il parle d'organiser une pépinière d'infirmiers sous la direction des sœurs « capables et douces ».

*
* *

Un ancien membre de la commission des hospices et ancien administrateur du dépôt de mendicité, qui a vécu longtemps avec les Sœurs des hôpitaux, M. Cosnier, n'est pas moins éloquent (1).

(1) *Les Sœurs hospitalières, Souvenirs de Saint-Jean et de Sainte-Marie.*

« Pendant dix années, j'ai passé au milieu des Sœurs, bien des heures qui m'ont toujours paru trop courtes, et parmi leurs vertus, j'ai surtout admiré une des moins frappantes, à première vue, la constance. On comprend une période de soins et de dévouement ; mais passer tous les jours de la même façon, du 1er janvier au 31 décembre, vaquer aux mêmes occupations, vivre dans l'atmosphère, purifiée, je l'accorde, des malades, mais néanmoins affadissante et développant une affection connue sous le nom de *mal des sœurs grises*, entendre des plaintes presque continues, avoir sous les yeux des choses répugnantes, des gens grossiers, et surtout des misérables perdus de vices, revenant à différentes reprises, pour se guérir des conséquences de leurs débauches... supporter tout cela, mieux encore, circuler au milieu de tout cela, le visage souriant et l'humeur égale, aborder chacun avec de douces paroles, voilà ce qui ne peut s'expliquer sans l'intervention du surnaturel... »

Sur l'inaltérable douceur des Sœurs, le même auteur raconte le fait suivant :

« ...La Sœur M*** servait le dîner d'un vieillard paralytique ; on était au milieu du repas : le bonhomme se trouvait mal assis ; la Sœur voulut l'aider à se mettre sur son séant, mais l'effort que dut faire le malade lui souleva le cœur et il renversa potage et cætera, sur le visage et la robe de la Sœur, trop vivement pour qu'elle pût éviter l'affreuse averse. Le pauvre vieux se confondit en excuses ; mais sœur M***, en s'essuyant, se hâta de lui dire avec une bonté que n'effleura pas la moindre humeur : « Ne vous affligez pas, mon ami, ce n'est rien ; dans un instant, il n'y paraîtra plus. » Puis, quand toute trace eut disparu prestement, elle ajouta en souriant » : Savez-vous, mon petit père, que vous venez de me rendre un grand service ? Ce sont des perles pour la couronne du ciel (1). »

Voulez-vous un exemple du courage de ces saintes femmes ? Ecoutez encore M. Cosnier :

« Quelque temps avant mon entrée à la commission, dit-il, le docteur Bigot, qui prit la plus grande part à la transformation de nos hospices, eut l'obligeance de me guider dans toutes les salles du nouvel Hôtel-Dieu pour m'initier au service intérieur. Parvenus dans le quartier des enfants, nous y fûmes accueillis par une jeune Sœur qui me sembla au dernier degré de la phtisie. Elle souriait néanmoins en répondant au savant docteur ; mais le contraste de ce sourire avec le teint livide, les yeux brillants et la voix creuse d'une poitrinaire, faisaient mal à voir. Quand nous fûmes sortis de la salle, je dis à M. Bigot : « Cette pauvre Sœur me semble plus malade qu'aucun de ses « petits malades ; comment la laisse-t-on continuer son ser- « vice ? » — « Je le pense comme vous, repartit M. Bigot. « J'ai présenté mes observations à la sœur Euphrasie ; après « m'avoir écouté avec déférence, elle ajouta presque gaie- « ment : « On dit que nous avons quelque chose de militaire ; « laissez-moi, je vous en prie, mourir sur la brèche. » J'en « référai à la supérieure qui me dit à son tour : « J'ai fait « toutes mes représentations à ma Sœur Euphrasie, mais la « voyant si désireuse de mourir debout, je n'ai pas voulu user « de mon autorité pour attrister ses derniers jours. »

____

(1) Une des supérieures, sœur Angélique Hesnard, disait : « Souffrons de la part des pauvres, mais qu'ils ne souffrent jamais de la nôtre ! C'est là notre règle invariable et comme un de nos premiers principes. Pour cela, ne nous permettons aucun trait qui les contriste... C'est la charité la plus parfaite qui doit animer tous les services dont ils sont les objets : notre vie même leur appartient, et ce sera toujours notre gloire de la sacrifier en leur faveur dans les circonstances qui l'exigeraient. »

« ...Un devoir militaire m'amenait à l'hôpital, racontait aussi le général Ambert (1). J'y allais visiter un pauvre soldat, mon ordonnance aux spahis de Constantine, et qu'une maladie contractée en Afrique conduisait lentement à une mort affreuse et prochaine.

« Devenue impuissante, la science passait distraite et sans s'arrêter au chevet du lit de mon cavalier.

« La famille absente, dispersée, anéantie peut-être, n'avait jamais visité ce lit solitaire.

« D'amis et de camarades, on n'en voyait pas autour de cet homme venu des pays lointains.

« Il était seul sur la terre. Nul ne prononçait son nom, et l'on savait à peine qu'il était là.

« Le numéro 23, tracé sur une planchette, restait suspendu par un clou à la tête du lit de cet homme. Deux chiffres qui avaient déjà tant de fois servi, qui serviraient tant de fois encore, distinguaient ce malheureux des autres malheureux.

« Je l'avais connu jadis plein de force. Joyeux cavalier, il égayait nos marches ; brave soldat, il portait gaiement la vie. Je l'aimais, et il m'avait prouvé son attachement en maintes circonstances périlleuses.

« Cependant, lorsque je m'arrêtai au pied de son lit, il sembla ne pas me reconnaître. Ses yeux étaient fixés sur moi, mais nulle intelligence n'y rayonnait ; de ses lèvres entr'ou- vertes, immobiles et sèches, un souffle irrégulier, saccadé, s'échappait avec peine. Sa main amaigrie, blanche et froide comme le marbre, ne tressaillit même pas au contact de la mienne.

« J'appelai le malade à haute voix, mais il resta sourd et

(1) L'*Héroïsme en soutane. La Sœur*, par le général Ambert, p. 201, 202 et suiv.

immobile ; son regard était toujours fixé sur le mien, et tout me prouvait cependant qu'il ne me voyait pas.

« Surpris de rencontrer là, dans un hôpital, cette profonde connaissance du cœur et de l'âme, je pensai que la Sœur était une de ces natures d'élite qui avait fui le monde où sa place restait vide.

« Avec une curiosité mêlée d'intérêt, j'observai la Sœur Marthe. Vieillie par les fatigues et les travaux, elle semblait âgée de quarante ans ; elle en avait trente à peine.

« Sa pâleur contrastait avec une force apparente et réelle. Au reste, dans sa personne, rien n'était remarquable, si ce n'est un regard pur et limpide, et un timbre de voix d'une mélancolie surprenante.

« Sa grande coiffure, d'une blancheur éclatante, son vête ment gris, le chapelet suspendu à sa ceinture et son crucifix de bois, enfin tout l'ensemble du costume de la Sœur sont trop populaires, pour que j'en fasse ici la moindre description.

« Mon malheureux soldat fut le prétexte et l'occasion d'une conversation très courte entre la Sœur et moi. Je lui appris que Joseph Meyer était l'un de mes anciens spahis. Je sus d'elle qu'elle était la Sœur Marthe, fille de nos campagnes.

« Comme le soldat, la Sœur de Charité avait quitté son pays pour servir : lui était serviteur du pays ; elle, servante des pauvres. Soumis tous deux aux rudes privations, aux pénibles travaux, vêtus tous deux d'étoffes grossières, étrangers tous deux et pour toujours aux richesses et à la science du monde, ils passaient leur existence à veiller pour la société, le soldat au camp, la Sœur à l'hôpital ; celle-ci, prosternée au lit de mort, celui-là, debout à la frontière.

« Douze ans après l'époque dont je viens de vous entretenir, le 25 juin 1848, je me dirigeais rapidement, avec les bataillons qui m'étaient confiés, vers l'Hôtel-de-Ville de Paris, en suivant

les quais de la Seine. D'effroyables détonations se faisaient
entendre, et, de minute en minute, la grande voix du canon
dominait le tumulte. Au loin, le sinistre appel du tocsin répondait au bruit de l'artillerie.

« Bientôt nous fûmes en présence des insurgés. Le général
Duvivier, qui allait être mortellement frappé, et que je voyais,

hélas ! pour la dernière fois, occupait la place de l'Hôtel-de-Ville. Derrière lui, deux pièces d'artillerie balayaient une rue. A l'entrée de la place, du côté de la rivière, un bataillon de jeunes gardes mobiles, tout sanglant de ses glorieux combats de la veille, se préparait à l'attaque des barricades qui nous enserraient de plus en plus.

« Le spectacle de la destruction ne pouvait être plus complet. Les maisons s'écroulaient, frappées par des boulets. Des canons de fusils se montraient prudemment aux fenêtres, et, dirigés par d'invisibles mains, frappaient au cœur nos compagnons. Du flanc des toits inclinés, une lueur partait souvent, et la balle atteignait au hasard parmi nous. Alors, un boulet bien dirigé broyait le toit et les tireurs. Les soupiraux des caves vomissaient la mort. Des maisons percées à jour, chancelantes, semblaient se balancer. Le long des parapets du quai, des blessés à l'agonie nous demandaient un verre d'eau.

« Dans une cour humide et sombre, sur de la paille ensanglantée, des Sœurs de Charité avaient établi une ambulance. Elles ignoraient auquel des deux partis appartenait ce coin de terre. Agenouillées près des blessés, soldats, gardes mobiles, insurgés ou gardes nationaux, elles les pansaient en priant Dieu. Mornes et accablés, ces hommes, tout à l'heure si terribles, s'abandonnaient aux mains de ces pauvres filles.

« Lorsque d'un coup d'œil je vis ce que je viens d'écrire trop lentement, deux soldats de la ligne apportaient un garde-mobile, dont l'épaule était brisée par une balle, et qui jetait de lamentables cris. C'était un enfant de seize ans, aux yeux bleus, aux blonds cheveux, au frais visage.

« Une Sœur de Charité, courbée sur un insurgé mourant, se leva, soutint le jeune homme dans ses bras, et déchira vivement sa tunique. Elle tenait encore l'uniforme de l'enfant à la main, lorsqu'une bande d'insurgés sortit tumultueusement de

la maison qui faisait face à l'ambulance, et dont la porte vint
tomber à nos pieds. Le chef de cette bande, vêtu d'une blouse
bleue, portait un couteau de chasse à sa ceinture, un mouchoir
roulé autour de sa tête; sa bouche, noircie par la cartouche,
lui donnait un caractère étrange de férocité.

« Il vit avant tout l'uniforme du garde-mobile aux mains de
la Sœur de Charité. Celle-ci me tournait le dos, et son visage
m'était caché. « Traître! cria l'insurgé avec une horrible im-
« précation, tu vas mourir! »

« Alors, il se jeta sur le garde-mobile. L'enfant de Paris,
couché sur le dos, se redressa, cherchant à écarter la lame du
couteau de chasse. L'homme avait jeté à terre son fusil
déchargé.

« Se redressant, la Sœur fit le signe de la croix et se plaça
devant l'insurgé. Mais ce n'était plus un homme; la vengeance, l'ivresse peut-être l'aveuglait, et il frappa la Sœur
de Charité du fer de son couteau. Elle chancela, et, tombant
agenouillée près du garde-mobile, elle voulait le protéger
encore de son corps, car déjà le fer se levait pour la seconde
fois.

« Alors, un garde national de province s'élance entre la
Sœur et l'assassin. D'un coup de baïonnette, il étend l'insurgé
à ses pieds, tandis que la lame du couteau dirigé vers la
Sœur vient se briser sur la buffleterie de la giberne du garde.

« Des deux côtés, la fusillade commence; on tire à bout portant, on combat corps à corps, et bientôt la fumée devient si
épaisse, qu'on ne distingue plus les amis des ennemis. Mais
pas un cri, pas un mot! cela ne dura que deux minutes, mais
deux terribles minutes!

« La charge se fit entendre du côté des nôtres, et puis le pas
gymnastique; des chasseurs à pied parurent à l'extrémité de

la rue. Les insurgés se précipitèrent dans la maison d'où ils venaient, et disparurent en se barricadant.

« Balayée par la brise, la fumée commençait à s'élever ; entre les deux nuages bleus qui tourbillonnaient dans l'espace, je vis la Sœur Marthe à genoux, du sang sur la poitrine, le visage calme. Debout auprès d'elle, appuyé sur son fusil, je vis l'ex-cavalier Joseph Meyer qui, lui aussi, regardait le ciel.

« Dieu avait permis que la Sœur de Charité sauvât le soldat, et que le soldat sauvât la Sœur de Charité.

« Avant son départ de Paris, lorsque la lutte fut terminée, je revis Joseph Meyer que longtemps j'avais cru mort. J'appris de lui comment à force de veilles, de soins, de charité, — charité de prières, charité de fleurs, charité de paroles, charité de larmes, charité d'espérances, — Sœur Marthe lui avait rendu la vie.

« Pendant quinze mois, Sœur Marthe disputait à la mort ce pauvre soldat qui lui était inconnu. Pour cet homme pauvre, obscur, ignorant, elle prodigua tous les trésors de la charité ! Quelquefois, au printemps, c'était un rayon de soleil qu'avec peine elle dirigeait autour de lui pour réjouir son âme ; l'hiver, elle apportait du sarment qui pétillait dans l'âtre, et dont les étincelles, dansant follement, réveillaient dans la mémoire de Joseph de bons souvenirs, car il souriait. L'été, Sœur Marthe avait des fruits dorés pour le pauvre soldat.

« Les secours de la science eussent été impuissants ; les larmes de la famille eussent été insuffisantes : la charité accomplit le miracle.

« Joseph Meyer reprit enfin la route du village, emportant au fond de son porte-manteau de cavalier une image de saint Joseph, que Sœur Marthe avait fait bénir à son intention. Dans ce porte-manteau, la Sœur glissa de gros bas de laine, pour que le voyageur n'eût pas froid en traversant les Vosges.

« — Joseph, lui dit-elle le jour de son départ, Joseph, soyez « toujours charitable ! »

« J'appris aussi de Joseph que la Sœur Marthe avait relevé de terre l'homme qui l'avait frappée. Il respirait encore ; sa main crispée serrait le couteau de chasse teint du sang de la Sœur de Charité. Elle avait fait transporter le meurtrier dans l'hôpital qu'elle desservait. Placé dans un lit voisin de celui du garde-mobile, ils avaient tous deux reçu les soins de Sœur Marthe. Tous deux étaient revenus à la vie, car tous deux avaient reçu les mêmes soins : ainsi le voulait la charité.

« Mais l'insurgé ayant été condamné par le conseil de guerre, Sœur Marthe s'était jetée aux pieds de celui qui pouvait adoucir le sort du criminel, et, par ses larmes et ses prières, la Sœur avait sauvé de la flétrissure celui qu'elle avait déjà sauvé de la mort. Ainsi le voulait la charité... »

Tel est le récit du général.

Rappelons l'arrivée des Sœurs des hôpitaux en Algérie, telle que l'a si bien racontée le général de Lamoricière.

« Après l'issue funeste du siège de Constantine, disait le général, tout ne fut pas fini. La retraite qui se fût changée en massacre sans le bataillon de Changarnier, nous conduisit à Bône. A l'abri des remparts, nous ne craignions plus les Arabes ; on n'en était pas plus solide. Toutes les malchances fondaient sur nous. Les meilleures troupes se démoralisaient, et les zouaves jusqu'à mes pauvres zouaves, même sans blessure ni maladie apparente, la nostalgie les emportait. Les Français, surtout à l'étranger, sont plus sujets que tout autre peuple à cette terrible contagion, contre laquelle la science n'a trouvé d'autre remède que le retour à l'air natal. Pour nos soldats, c'était impossible de leur délivrer des congés ; il n'en serait pas resté un seul. Les docteurs se désespéraient. Chaque matin, à mon entrée à l'hôpital ou à l'ambulance annexée, c'étaient de nouveaux décès. Je passais de lit en lit la revue des survivants, les prenant tantôt par la douceur, tantôt par la menace. J'épuisais tous les moyens pour les réconforter. Rien n'y faisait. Les moustaches grises comme les blancs-becs, les esprits forts comme les naïfs, ne savaient que balbutier d'une voix éteinte : « Pardon, mon colonel, mais je sens que je suis f...; je ne reverrai pas la France. Ah ! si ma mère était là... et M. le curé ! »

Un jour, le général Lamoricière, n'y tenant plus, court à Alger et va trouver le gouverneur.

« ...Le maréchal Clausel passe pour dur à cuir, continua le général; au fond, il est facile de cœur. A ma peinture de la situation, il hocha la tête et dit : « C'est grave, c'est grave. — Donnez-moi des aumôniers. — Mais je n'en ai pas. — Si vous en demandiez au ministre ? — Le ministre ! il s'en remettrait à l'intendance, vous n'en n'auriez pas dans six mois. Une autre idée : Ecrivez à la reine de suite, là, sur cette table, j'apostillerai votre lettre. Je ne sais si ce procédé de guérison sera efficace, il ne peut faire de mal. Demandez aussi des Sœurs grises, je les ai vues à l'œuvre dans nos hôpitaux militaires et ailleurs. En Allemagne, je les ai rencontrées plus d'une fois, pansant nos blessés sous le feu de l'ennemi, et ne s'inquiétant pas plus des balles et des boulets que si elles étaient à la Messe. Ce sont de nobles femmes, de fières débrouillardes. Les soldats les aiment: elles en font ce qu'elles veulent et s'entendent à merveille à préparer la besogne des curés. »

« Le maréchal n'est pas plus dévot que moi ; mais il est plein de bon sens. Une heure après, la lettre, recommandée, signée et contresignée, était remise au commandant d'une corvette en partance.

« De retour à Bône, mes promesses rendirent un peu d'espoir à mes pauvres démoralisés. Toutefois, la mortalité ne diminuait guère. Je guettais fiévreusement l'arrivée des navires. Douze jours s'écoulèrent. Un matin, après une nuit mauvaise, pendant laquelle un sergent et un clairon, de mes anciens, avaient succombé, je sortais de l'ambulance pour me rendre sur le quai, lorsque je vis accourir le gardien du sémaphore, prévenu de mon anxiété. — « Colonel, s'écria-t-il, un brick de guerre en vue ! Il y a des religieuses ! » A ces mots, sans perdre une minute, pendant qu'on portait l'ordre au patron de parer mon canot, je courus à la Santé, car on était fort difficile pour la libre entrée dans les ports de mer.

« Mes huit matelots, l'aviron en l'air, attendaient. Je ne les laissai pas refroidir, nous volions d'un train à vapeur. En sautant sur le pont du brick, je dis :

« Allons vite, mes Sœurs, il y va de la vie de braves gens. Elles étaient six, les *chères femmes*. Deux secondes après, elles revinrent, leur petit bagage à la main. *La garde qui m'attendait leur présenta les armes ; le commandant les salua de son épée ;* l'équipage poussa trois hourrahs, et l'aspirant avait à peine dégringolé l'échelle pour leur offrir la main, qu'elles étaient dans le canot, bien émues des honneurs qu'on leur rendait.

« En débarquant, sans donner le temps de respirer, nous courûmes à l'ambulance. Les malades étaient prévenus de notre arrivée. *Dès qu'ils aperçurent, à la porte de la première salle, la pointe des cornettes blanches, ce furent des acclamations, des cris de joie qu'il faut avoir entendus pour s'en faire l'idée ; ils se tenaient debout et semblaient tous guéris.*

« A compter de l'apparition des Sœurs, les décès s'arrêtèrent, les aumôniers survinrent le lendemain. Huit jours après, les fiévreux étaient tous rentrés au corps, l'ambulance fermée, les blessés en voie de guérison ; il ne restait plus à l'hôpital que les amputés, presque tous en état d'être ramenés en France. »

Ainsi parlait le général de Lamoricière, et cependant, à une époque où il n'était point encore le fervent chrétien qu'il est devenu plus tard.

De son côté, l'amiral Laplace disait :

« Dans toutes nos lointaines possessions, j'ai trouvé ces saintes Filles, admirables de dévouement, même d'héroïsme, non pas de cet héroïsme excité, soutenu par les applaudissements de la multitude, mais de cet amour du prochain mille fois plus héroïque parce qu'il est sans gloire, sans récompense, du moins dans ce monde, et qui pourtant fait braver à des êtres faibles, à des jeunes filles, les horreurs d'un long exil, loin de leurs familles, que la plupart d'entre elles, épuisées par les fatigues et les maladies, ne doivent jamais revoir. »

En 1847, dix Sœurs de Charité quittent l'Espagne pour aller au Mexique. Là, pendant la révolte de Paredes, elles se rendent devant Puebla assiégée et soignent des blessés des deux camps. La guerre civile terminée, elles ouvrent des hospices à Mexico, à Lagos, à Jelès, à Guarranuasco, etc. La même année, six Sœurs partaient de Cadix pour aller diriger l'hôpital de la Havane où elles fondèrent deux autres hôpitaux et deux orphelinats.

En 1853, huit Sœurs partirent de France pour aller à Rio-de-Janeiro et, en 1857, trente allèrent de Bordeaux au Chili où elles soignèrent les malades dans les hôpitaux de San-Francisco, San-Juan de Dios, de Borja, etc

Pendant le choléra de Paris de 1849, les Sœurs furent

Elle chancela, et, tombant agenouillée près du garde-mobile. (Page 75.)

admirables. Plus de cinquante d'entre elles, payèrent leur tribut au fléau.

On les trouve soignant les cholériques non seulement à Paris, mais à Tours, à Angers, à Tonnerre, à Beauvais, à Auxerre, à Beaune, au Mans.

En juillet, à Amiens, huit d'entre elles, parmi lesquelles la supérieure *sœur Puybarand*, furent victimes de leur dévouement.

A Marseille, les journaux s'exprimaient ainsi :

« Nous ne saurions signaler avec assez d'empressement à l'admiration et à la reconnaissance publique la conduite des Sœurs de Saint-Vincent de Paul au milieu des circonstances où nous sommes. Si l'on ne savait tout ce que la foi religieuse et l'esprit évangélique peuvent inspirer de dévouement et d'abnégation, on ne pourrait comprendre le zèle que ces saintes femmes déploient pour courir au secours des personnes atteintes par l'épidémie. Le matin, dès six heures, elles sortent de leur maison, portant dans une petite corbeille les quelques aliments nécessaires à l'entretien de leur journée, puis au premier appel, elles sont au chevet des malades, leur prodiguant tous les soins de la charité la plus ardente et de l'expérience acquise par tant de services. Aussi leur journée entière s'écoule en actes multipliés de dévouement, et souvent, brisées par tant de fatigues, elles se refusent, même la nuit à prendre un instant de repos... Marseille, nous n'en doutons pas, conservera un long souvenir de la conduite des Sœurs de Saint-Vincent de Paul, et l'admirable mission qu'elles accomplissent à cet instant dans ses murs, y vivra dans la mémoire de tous aussi longtemps que le nom de Belzunce et de tous les religieux martyrs de la charité. »

En Crimée, aussi, à l'époque du choléra, elles ont une conduite sublime.

Ecoutons à ce sujet le récit d'un témoin, chirurgien militaire :

« Un voltigeur avait reçu une balle dans la cuisse à l'assaut de Sébastopol. La balle avait été extraite, mais la plaie était mauvaise, profonde, enflammée. Une des Sœurs de l'ambulance avait voulu, le matin, faire des pressions, autour de la blessure, pour chasser l'humeur de la plaie. Rien de plus nécessaire, mais rien de plus douloureux. Le pauvre diable avait crié, s'était débattu, avait repoussé la Sœur. Elle me raconta cela.

— Parlez-lui, Monsieur, me dit-elle, conseillez-lui d'être plus raisonnable.

— Je m'approchai du malade.

— Il faut avoir plus de courage que cela : la Sœur va recommencer le pansement. Promettez-moi de la laisser faire. C'est pour votre bien, entendez-vous, c'est pour votre bien.

— Que la Sœur recommence, me répondit-il, je serai sage.

Je m'éloignai lentement. La Sœur s'était rapprochée du lit, et je l'entendis qui, tout bas et bien doucement, disait au blessé :

— Alors, vous ne mordrez plus, mon ami ? »

A cette époque, les hôpitaux de Gallipoli, de Varna, du Pirée sont remplis de malades.

Les Sœurs de Constantinople ne suffisent pas, on demande des renforts.

Le *Moniteur* du 23 août 1854 publia la note suivante :

« Le maréchal, ministre de la guerre, a fait appel au dévouement des Sœurs de Saint-Vincent de Paul pour aller soigner nos soldats dans les hôpitaux de l'armée d'Orient. Cet appel a été entendu : vingt-cinq de ces saintes Filles vont s'embarquer à Marseille par le prochain courrier ; vingt-cinq autres suivront de près, et la digne supérieure a fait espérer qu'elle pourrait en porter le nombre à cent. »

La supérieure avait promis cent Sœurs, elle en envoya deux cent quatre-vingt-cinq.

Il faut avoir plus de courage que cela... (Page 84.)

« Quand les troupes françaises furent devant Sébastopol, raconte M. de Lyden, les Sœurs de Charité sollicitèrent du maréchal Pélissier la permission d'aller relever et soigner nos blessés dans les tranchées, sous le canon des Russes.

« Le commandant en chef de l'armée d'Orient refusa formellement, ne voulant pas, leur dit-il, exposer la vie de celles que la France avait envoyées pour soigner ses défenseurs.

« Les Sœurs insistèrent à diverses reprises, mais en vain.

« Pélissier fut inflexible, au grand chagrin des solliciteuses qui, disait-il en riant, ne lui pardonnèrent jamais sa sévérité.

« — Croyez-vous, disait, devant le même auteur, le maréchal Pélissier, chez Mme la baronne de Villefossé, sa parente, qu'il a fallu presque que je les menace de les faire conduire par la gendarmerie, pour mettre fin à leur persistance ?

« — Braves Filles, ajouta le vieux grognard, qui, certes, n'était pas facile à attendrir, braves Filles ! quels cœurs ! quels dévouements ! Où puisent-elles leur courage et leur force ?

« — En Dieu, répondit la baronne, une digne et charitable femme.

« — Vous avez raison, répondit le vainqueur de Sébastopol, ma question est celle d'un imbécile. »

De son côté, le général Maryan, commandant en chef le corps d'occupation, remerciait aussi les Sœurs qui avaient organisé l'ambulance du Pirée :

« Camp du Pirée, 10 octobre 1854.

« Ma très chère Sœur,

« Je ne vous laisserai pas quitter le Pirée sans vous remercier d'avoir bien voulu y venir sur la demande que j'avais adressée à Smyrne, au plus fort des calamités qui affligeaient nos pauvres soldats.

« Le choléra sévissait parmi nous avec une intensité pour ainsi dire sans exemple ; nous vous avons fait appel, et, huit jours après, vous étiez ici avec six de vos bonnes sœurs, nous prodiguant tous les soins, tout le dévouement qu'on est habitué à rencontrer dans les moindres membres de votre sainte communauté.

« Votre présence nous est venue grandement en aide pour rendre le courage à tout le monde.

« Grâces vous soient rendues, ma très chère Sœur ; je vous en exprime toute ma reconnaissance ; veuillez, je vous en prie, l'agréer en mon nom et au nom de tout le corps d'occupation que je commande. Le bon souvenir que vous nous laissez, ma très chère Sœur, ne s'effacera jamais.

« Je vous présente l'hommage de mon très sincère et très respectueux dévouement.

« Le général de brigade, commandant
en chef le corps d'occupation,

« Maryan. »

Le général Canrobert, de son quartier général devant Sébastopol, écrivait à la supérieure des Sœurs, le 16 mars 1855 :

« Madame la Supérieure,

« J'apprends avec un vif sentiment de reconnaissance que les Sœurs de Saint-Vincent de Paul ont multiplié les actes de dévouement et de charité autour des soldats malades qui ont failli être ensevelis sous les ruines de l'un de nos hôpitaux, qu'un incendie vient de détruire.

« ..... Il m'appartient de vous transmettre, au nom de tous, l'expression de nos remerciements et de la gratitude que nous inspire une si constante et si active sollicitude.

« Veuillez agéer, Madame la Supérieure, l'hommage de mon profond respect.

« Le général en chef de l'armée française, en Crimée,

« Canrobert. »

Le maréchal de Saint-Arnaud, parlant des Sœurs des Hôpitaux, disait aussi :

« Je trouve dans cette servante des pauvres, de toutes les douleurs, de toutes les plaies, de toutes les misères, je trouve un caractère de grandeur tel que je ne m'incline devant aucun puissant de la terre aussi profondément que devant la Sœur des Hôpitaux. »

La ville d'Amiens, ainsi que les hôpitaux de Paris, se souviendront toujours des visites de l'Impératrice Eugénie aux cholériques lors de la terrible épidémie de 1866.

Impossible d'oublier, à ce sujet, un bien joli mot de l'Impératrice. Comme un malade, auquel elle venait d'adresser quelques paroles, lui répondit dans son trouble : « *Oui, ma sœur,* » la digne fille de Saint-Vincent de Paul, qui se trouvait à son chevet, lui fit observer que c'était l'Impératrice : « Ne le détrompez pas, dit la Souveraine, *c'est le plus beau nom qu'il puisse me donner.* »

D'ailleurs, la sollicitude de l'Impératrice pour les pauvres avait été toujours fort grande. Lors du mariage de Napoléon III avec Mlle Eugénie de Montijo, le conseil municipal de Paris, composé alors d'honnêtes gens, vota à l'unanimité une somme de 600.000 francs, destinée à acheter un collier de perles et de diamants pour l'offrir à la jeune souveraine. La nouvelle Impératrice accepta ce don, non pour avoir un collier, mais *pour que la somme offerte servît à une œuvre de bienfaisance.* C'est ainsi que fut fondée la *maison Eugénie-Napoléon,* d'où les Sœurs furent chassées et dont on a changé le nom. C'est aussi sur sa cassette que l'Impératrice Eugénie a fondé l'hôpital des enfants malades de la rue de Charenton, hôpital que le peuple continue à appeler *hôpital Sainte-Eugénie,* comme il continue à appeler *avenue de l'Impératrice* l'avenue du Bois de Boulogne. Il va sans dire que les sectaires ont changé le nom de l'hôpital Sainte-Eugénie en celui d'hôpital Trousseau.

Le préfet de Meurthe-et-Moselle visitait un jour l'hôpital de la ville de Nancy :

« Il se trouvait dans le parloir avec la Supérieure; voici que frappe et entre une jeune religieuse, tenant une lettre qu'elle venait soumettre au visa de la Révérende Mère. Mais, voyant le préfet, elle se retire : — Entrez, ma Sœur, dit celui-ci; quel est votre nom? — Sœur Léocadie, répond la religieuse. — Et à quelle salle êtes-vous? — A la salle des varioleux.

« A ces mots, le préfet est pris de compassion : — Ah ! ma pauvre Sœur, vous prenez au moins des précautions pour soigner les pustules... vous avez des gants... — Mais non, Monsieur le Préfet, je me sers de mes mains comme vous les voyez là, et, quand le pansage est achevé, je les lave dans l'eau fraîche. — Mais, Sœur Léocadie, il y a du danger, prenez des précautions... Puis, revenant à sa compassion, le préfet ajoute : — Ma Sœur, êtes-vous heureuse? Dites un mot, demandez-moi ce que vous voudrez, je vous l'accorderai ! — Eh bien ! non, Monsieur le Préfet, je ne suis pas heureuse, et vous pouvez faire quelque chose pour moi. Dans la salle qui m'est réservée, je n'ai que vingt-cinq varioleux, et je me sens assez forte pour en soigner cinquante. Vous pourriez adresser une circulaire aux maires des villages, et ils m'enverraient des varioleux.

« Le préfet se lève stupéfait : — Vous l'aurez, ma Sœur, vous l'aurez cette circulaire.

« Et, en s'en allant, il disait à son entourage : — J'ai offert à une religieuse de lui donner tout ce qu'elle aimait le mieux, et elle m'a demandé des varioleux, n'est-ce pas touchant ! »

CHAPITRE III.

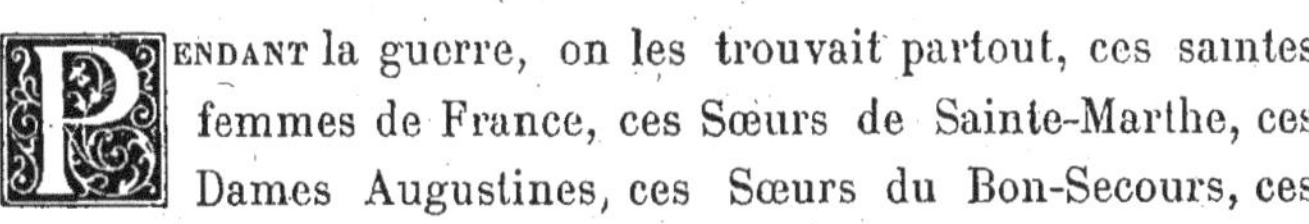

LES SŒURS DEPUIS 1870.

La guerre de 1870. — Les Sœurs et nos soldats. — Les Sœurs soignant les ennemis. — Les Sœurs martyres des Prussiens. — La Sœur de Châteaudun. — Une Juive demandant des Sœurs. — Pendant la Commune. — La guerre Turco-Russe. — Les Sœurs au Tonkin. — Comment on fonde un hôpital. — Les Turcs et les Sœurs.

ENDANT la guerre, on les trouvait partout, ces saintes femmes de France, ces Sœurs de Sainte-Marthe, ces Dames Augustines, ces Sœurs du Bon-Secours, ces Petites-Sœurs des Pauvres, ces Sœurs de quinze autres congrégations.

Partout où il y avait des ambulances, partout où il y avait des hôpitaux, on était sûr de les trouver prodiguant leurs soins à nos malheureux soldats.

Et le soir après la bataille quand,

> « Par delà les coteaux penchants
> Où trône la mort, blanc squelette,
> La nuit a versé sur les champs
> Une ombre pâle et violette, »

alors que les corbeaux descendent dans la plaine, semant de taches noires le vert et le rouge sanglant qui tapissent ces champs, on aperçoit les cornettes blanches des Sœurs qui viennent panser des blessés, donner une dernière consolation aux mourants.

Laissons la parole à M. de Lyden, qui raconte ainsi une visite qu'il fit à l'hôpital Saint-Antoine, tenu par les Sœurs de Sainte-Marthe :

« Nous étions arrivés devant un lit sur lequel se tenait, à demi-levé, un garçon de vingt ans; c'était un Saxon. Son visage était pâle, mais sous cette pâleur on devinait un sang jeune et prêt à bouillonner encore.

Son front large était encadré par des cheveux blonds, hérissés; une légère moustache ornait sa lèvre supérieure, ses mains étaient fines, sa voix douce et mélancolique. Evidemment, c'était un fils de famille patricienne.

« Sur son lit était une planchette à écrire. Il venait de fermer une lettre. Je lus la suscription :

« A Monsieur l'intendant Krauss. »

« — Soyez tranquille, lui dit la Sœur en allemand, votre « lettre partira.

« — Bien sûr, ma Sœur?

« — Bien sûr. »

« Il y avait tant d'affectueux respect dans la façon dont le Saxon prononçait ce mot : *Ma Sœur*, que nous en fûmes frappés.

« — Vous aimez cette Sœur qui vous soigne ?

« — Si je l'aime, nous dit-il en bon français, elle me rappelle
« ma mère et ma sœur tout à la fois ; ma mère, par ses soins,
« par son langage, ma sœur par son âge et son cœur. Ah !
« Monsieur, quelles femmes que vos Sœurs de Charité ! quelles
« femmes !

« — Allons, dormez ! lui dit la Sœur, en le forçant à se
« recoucher, dormez, et ne parlez pas ! Ordonnance du
« médecin ! »

« Toujours la même modestie, cette modestie tant recommandée par saint Vincent de Paul.

« Nous voici devant un Badois.

« Son regard est terne, son front morne, il paraît accablé.

« — Vous souffrez beaucoup ? »

« Notre homme ne répond pas, et son voisin nous apprend
qu'il ne comprend pas le français.

« La Sœur l'interroge en allemand.

« — Avez-vous quelqu'un là-bas ? lui dit-elle.

« Deux grosses larmes tombent de ses yeux, et il baisse la
tête en murmurant : *Ya.*

« — Voulez-vous écrire à quelqu'un ?

« — *Ya,* répétait-il avec joie, *ya* ! *Ya.*

« Tout à coup son regard flamboie ; il regarde la Sœur avec
une expression de colère qui m'effraie... Je veux éloigner la
Sœur... Elle se rapproche au contraire.

« — C'est son accès qui le prend, dit-elle, en essayant de
lui saisir la main qu'il tient hors du lit.

« Le misérable fait un soubressaut et lance un coup de poing
en plein visage de la Sœur.

« Celle-ci ne proféra pas une plainte.

« — Voyons, dit-elle en s'écartant pour ne pas essuyer une
nouvelle violence, restez donc tranquille !

« Puis elle borda le lit sans se presser et présenta au blessé furieux le pot d'étain qui contient la tisane rafraîchissante.

« — La brute vous a fait mal ? m'écriai-je indigné ; vous battre, vous !

« — Jésus-Christ a bien été souffleté, » répondit-elle doucement, et elle passa à un autre malade.

« Nous la regardâmes s'éloigner, n'osant pas la complimenter de sa résignation.

« Cependant, nous crûmes devoir prévenir une autre Sœur, lui demandant s'il ne serait pas prudent de mettre la camisole de force à ce furieux, de peur d'un malheur.

« — Le punir, me répondit-elle, imposer une torture à ce « malheureux ?

« — Non, mais prendre des précautions.

« — A quoi bon ? il ne sait pas ce qu'il fait, et toute « mesure de rigueur ne ferait que l'exciter ! Le pauvre garçon « souffre tant !... »

« Commenterons-nous cette réponse évangélique : A quoi bon ?

« Quand nous revînmes sur nos pas, nous retrouvâmes la même Sœur en train d'essuyer avec un linge la sueur froide et l'écume sanguinolente dont le visage de l'Allemand était baigné.

« Cette Sœur pouvait avoir vingt-cinq ans. Elle était frêle et délicate, avec un visage émacié par les fatigues et les privations.

« — Cette Sœur me paraît bien faible et bien malade pour un tel service, » dis-je à l'infirmier qui me servait de cicérone.

« — Que voulez-vous ! on les fait passer les nuits et elles jeûnent ! » me répondit-il.

« Une douzaine de mobiles se trouvaient dans une salle, au

moment où passait la supérieure ; par un mouvement spontané, tous ceux qui avaient le bras libre firent le salut militaire.

« — Braves enfants, dit la Sœur, mais pourquoi les envoyer si jeunes à la bataille ? Tenez, ajouta-t-elle en m'en montrant deux qui avaient pu se dresser sur leur séant, en voilà qui n'ont pas dix-huit ans peut-être. »

A la bataille de Forbach, quand la plaine était couverte de morts et de blessés, et que les Prussiens tiraient toujours, la supérieure de la Providence de Pesth allait sous la pluie de balles et d'obus secourir nos soldats mourants. Elle fut tuée par un obus au moment où elle tenait dans ses bras un malheureux blessé. Une autre, dont on n'a pas pu conserver le nom, fut tuée par une balle prusienne pendant qu'elle donnait à boire à un blessé dans un fourgon des ambulances.

La *Gazette de Silésie* qui a plus d'une fois répandu sa bave sur tout ce qui fait la gloire de la France osa accuser les Français de faire du mal aux blessés allemands. Jamais je crois accusation ne fut plus ignoble, ni plus mal fondée.

Aussi Mgr Dupanloup répondit-il, au nom de son diocèse, ces lignes qui vengèrent les Sœurs des infamies allemandes :

« Ce qui est vrai, dit-il, c'est que quatre cents Sœurs de Charité ont été et sont encore *occupées à soigner vos blessés et les nôtres. Je les ai mises à la disposition des autorités militaires pour vos propres ambulances, là où l'on a voulu.* Les religieuses de la « Visitation » ont reçu à la fois jusqu'à deux cents blessés. *Elles se sont démunies pour eux de tout, de leurs propres lits, de leurs couvertures, couchant, elles, sur la paille.*

« *Elles les ont veillés le jour et la nuit.*

« *Il y en a qui, par ces fatigues, sont mortes, et la supérieure a été deux fois aux portes de la mort.*

« *Au Sacré-Cœur, il y a encore, à l'heure qu'il est, près de deux cents blessés.*

« Nos religieuses du monastère de la Charité, si pauvres que, depuis quatre mois, elles sont obligées de prendre pour elles et pour leurs orphelins le pain à crédit; elles en ont eu jusqu'à cent quatre-vingt.

« Nos Sœurs de Saint-Aignan, si pauvres aussi, que je cherche chaque jour un moyen de pourvoir à leur existence, ont également recueilli dans leurs maisons plusieurs centaines de blessés.

« Je ne nomme pas les Sœurs de la Sagesse, nos Sœurs gardes-malades, les Petites-Sœurs des Pauvres, les Ursulines, ni les Carmélites, dont les supérieures sont mortes par suite des maladies contagieuses de leurs blessés. »

A Soissons, elles soignent plus de sept mille blessés prussiens. Au milieu des obus, des écroulements de murailles, elles restent auprès d'eux. Le médecin en chef leur témoigne son admiration dans une lettre de remerciements adressée à la supérieure.

Les blessés allemands ne veulent même plus des ambulances prussiennes ; ils sont si bien dans celles tenues par les Sœurs de France.

Pour les récompenser de leur dévouement à leurs blessés, voici ce que faisaient ces bons Allemands :

« Les assiégés avaient occupé le village de Peltre dans une sortie, et l'avaient abandonné, raconte M. Mézières (1). Quand les Prussiens y rentrèrent, ils accusèrent les paysans de s'être entendus avec les soldats, et décidèrent que le village entier serait brûlé.

« Deux jours de suite, on mit le feu à toutes les maisons,

_____

(1) *Revue des Deux-Mondes*, 1875.

Entraînées, injuriées par ces misérables, les Sœurs furent placées au pied d'un mur...
(Page 99.)

froidement, systématiquement, et l'on n'en laissa subsister aucune.

« Un établissement restait, une maison religieuse occupée par vingt-trois Sœurs qui y avaient soigné les blessés et les malades prussiens depuis le commencement du siège. On les fit sortir, et sous leurs yeux on alluma l'incendie dans les bâtiments que leur charité avait rendus sacrés.

« Cette scène ne serait pas complète, si l'on n'ajoutait qu'au moment même où le couvent brûlait, un aide de camp du prince Frédéric-Charles venait demander six religieuses de Peltre, pour donner des soins à ses blessés sur un autre point.

« Devant leur maison en flammes, les nobles Sœurs répondirent : « Nous irons. » Elles partirent sur-le-champ, et les Prussiens, qui venaient de détruire leur asile, acceptèrent leurs services ! »

Lorsqu'ils arrivèrent à Soultz, non loin de Colmar, les Prussiens trouvèrent quatre Sœurs de Charité occupées à soigner les blessés. Ces Prussiens accusèrent les Sœurs d'avoir conseillé aux habitants de résister à l'ennemi.

On vit alors quelques soudards allemands arracher les Sœurs du chevet des malades. Entraînées, injuriées par ces misérables, les Sœurs furent placées au pied d'un mur et fusillées.

Devant de tels forfaits, les paroles humaines sont impuissantes pour les malédictions, et le cœur humain trop ému pour le pardon.

. . . .

« Le soir du combat de Spickeren, ceux qui relevaient les morts trouvèrent une Sœur de charité, le front brisé par la balle d'un Prussien. Elle était tombée près de ceux qu'elle secourait .. »

« Pauvre Sœur Sainte-Claire, disait un officier de l'armée du Rhin, je la vois encore foulant la paille de notre ambulance, insensible au canon qui grondait, à l'incendie des dernières maisons du village qui projetait ses lueurs sinistres sur nos visages ; mais comme elle entendait la moindre plainte, le moindre soupir échappé à l'un de nous ! On déposait dans une grange de Rezonville tous les blessés que l'intensité de leurs souffrances empêchait de transporter plus loin ; les premiers bras que l'on voyait tendus vers soi, c'étaient ceux de cette bonne religieuse, le sourire aux lèvres, les larmes aux yeux, à deux pas du champ de bataille et de l'enivrement de la lutte, à deux pas de la place boueuse et sanglante où l'on avait cru mourir comme tant d'autres ; quel soulagement immédiat que celui de cette charité, qui panse à la fois et vos blessures et surtout votre anéantissement moral !

« Pauvre Sœur, pour puiser l'eau que cinquante voix déchirantes réclamaient à chaque instant, il fallait aller sous la mitraille, et toutes les cinq minutes, vous sortiez avec vos deux bidons, et vous rentriez aussi sereine, aussi tranquille que si Dieu vous avait faite invulnérable !

« Le lendemain, notre armée si vaillante qui venait pendant quinze heures de lutter contre des forces triples, après avoir couché sur le champ de bataille, se repliait sur Metz. On évacuait toutes les ambulances à la hâte ; les blessés enlevés précipitamment s'encombraient dans les fourgons et sur les cacolets.

« Que de cris, que de douleurs, que de souffrances ! et pourtant, pauvre Sœur, vous trouviez moyen, vous qui depuis quarante-huit heures n'aviez pas eu une seconde de repos, d'aller d'un bout à l'autre de cette sinistre colonne, d'apporter à l'un une goutte d'eau, à l'autre une bonne parole, de soutenir de vos bras cette tête qui s'inclinait, de replacer dans une position moins pénible ce malheureux amputé de la veille et qui dans une heure peut-être serait mort ! puis vous êtes partie sur le dernier cacolet.

« Hélas ! à peine une demi-lieue plus loin, une balle venait vous frapper, soutenant encore contre votre poitrine le blessé placé de l'autre côté. — Un escadron de uhlans coupait notre ambulance et nous faisait prisonniers !

« Pauvre Sœur, c'est par nos ennemis qu'a été creusée la fosse où vous dormez maintenant, au milieu de ceux à qui vous avez prodigué les trésors de votre âme, et, de ceux qui survivent, aucun ne saura jamais probablement quelle était cette Sœur qui avait nom, en Dieu, Sœur Sainte-Claire, ce rêve de charité entrevu au milieu d'une longue nuit d'agonie.

« Vous reposez obscurément dans un sillon perdu de la Lorraine, mais votre souvenir restera vivant jusqu'au dernier jour dans tous les cœurs qne vous avez soulagés ! »

Partout elles firent le bien. En avril 1890, s'éteignait, à l'âge de soixante-treize ans, la *Mère Saint-Henri*, supérieure de l'hôpital de Janville (Calvados).

Pendant la guerre de 1870, la Sœur Saint-Henri montra une énergie qu'un habile pinceau a immortalisée et que le général Ambert a célébrée dans ses *Récits militaires*.

Nous citons le général Ambert :

« Après cinq heures de marche, nous arrivions à Janville ; nous succombions à la fatigue et à la souffrance. Sur la place, un officier prussien donne l'ordre de continuer jusqu'à Toury, ce qui, hélas ! demandait encore trois heures de voiture. « Non, non. Abandonnez-nous sur la route ! crièrent les blessés désespérés, nous n'en pouvons plus. » A ce moment, parut la supérieure de l'hôpital, la Mère Saint-Henri : « Monsieur s'écria-t-elle, ces blessés ne vous appartiennent pas ; ils sont à moi. Je ne veux pas qu'on les traîne plus loin ! » Le Prussien voulut protester. « Assez ! cria impérieusement la vieille religieuse : faire souffrir des blessés est digne d'un misérable ! Allons, charretier, dételez ! »

A Angers, les Sœurs de la charité furent admirables de dévouement :

« Profondément touchés, dit un témoin, M. Cosnier (1), des prodiges d'intelligence et de courage qu'elles montrèrent en 1870, où, sans accroissement de nombre, elles se dédoublèrent pour la grande ambulance militaire de Saint-Jean, mes collègues et moi leur offrîmes ce qu'elles pouvaient le mieux désirer, de l'argent pour leurs aumônes ou des livres pour leur édification ; elles refusèrent tout ; et, cependant, ces excellentes femmes s'étaient dévouées, au point que les malades mêmes s'étaient levées de leur lit de douleur pour aller respirer l'air pestilentiel des varioleux. Pendant quatre mois, oubliant leurs souffrances, elles se multiplièrent à la lettre, pour soigner cinq mille de nos pauvres défenseurs, dont cinq cents moururent entre leurs bras.

« Nous ne citerons que l'une d'elles, parce qu'elle n'est plus à Angers, tandis que les autres sont encore à Sainte-Marie, Sœur E..., atteinte d'une affection interne, était condamnée à rester couchée, sans espoir de guérison. Elle se leva, à la voix de la supérieure, appel qu'on peut comparer à celui du général de Sonis aux zouaves pontificaux devant Patay : « Allons, « Messieurs, pour Dieu et pour la Patrie ! »

« Tout Français saluera son nom avec respect.

« L'ancienne cité des comtes de Dunois était en proie à

_____

(1) *Les Sœurs hospitalières. Souvenirs.*

’incendie ; le bruit de la fusillade, avec ses crépitements précipités, venait comme se mêler encore aux sanglots des femmes, au râle des mourants. Ivres de vengeance, les soldats ennemis envahissent les maisons, pillent, tuent, massacrent. Ayant saisi un brave ouvrier nommé Lépine, ils l’adossent brutalement contre un mur et vont le fusiller. Aussitôt une femme s’élance et d’un bond se place entre le condamné et ses bourreaux : puis, criant en langue allemande : « Grâce ! » elle se cramponne à l’officier qui commande le détachement et fait d’inutiles efforts pour se dégager de cette étreinte désespérée.

« Sœur Jeanne de Chantal (ainsi se nommait notre héroïne) avait sauvé la vie à un père de famille. Sur l’affirmation énergique qu’il n’était pas franc-tireur, une démarche fut faite par l’officier prussien auprès du commandant, qui accorda la grâce de l’ouvrier. »

Dans la même ville, la Sœur de Chaulas sauva douze Français que les Prussiens allaient fusiller, en se jetant au-devant des fusils.

*
* *

Une ambulance avait été établie dans le château de Montmirail, qui appartint à la famille de Gondi, et où se trouvait religieusement conservée la chambre occupée par saint Vincent de Paul.

Il s’y passa une singulière aventure pendant l’envahissement. Mais laissons la parole à la Sœur qui l’a racontée :

« ... Dans cette chambre très modeste, se trouve au-dessus de la cheminée, enchâssé dans la boiserie, un ancien portrait de saint Vincent de Paul. Pendant la durée de l’ambulance, cette chambre était occupée par le premier médecin en chef.

Cet homme, d'un extérieur farouche et sombre, était juif. Plus que tous les autres peut-être, il se montrait exigeant et disposé à permettre le pillage du château. A la fin de septembre, un soir, vers minuit, tandis que le docteur juif (c'est ainsi que nous l'appelions) lisait tranquillement dans son lit, il crut entendre un léger bruit : il lève les yeux et voit la figure austère de saint Vincent. Le tableau semblait s'être déplacé et se trouvait à portée de sa main. La figure de saint Vincent était animée, et son regard sévère était fixé d'une façon étrange sur le juif, qui, saisi de frayeur, pensa aussitôt à se défendre. Saisissant le revolver qui était sur la table de nuit, il s'apprête à tirer lorsqu'il voit la figure de saint Vincent changer subitement et lui sourire avec un grand calme. L'arme tombe des mains du docteur, et c'est alors seulement qu'il s'aperçoit qu'il n'a pas affaire à un assassin. Saint Vincent venait en effet de reprendre sa place sur la cheminée.

« La nuit du docteur fut, à ce qu'il dit, fort agitée, et, dès le lendemain, il répétait à qui voulait l'entendre, qu'il y avait des revenants au château, et qu'il ne voulait plus y rester. Le portrait de saint Vincent, qu'il ne connaissait pas du tout, l'intriguait ; et il croyait que c'était un jésuite, et il n'en était que plus irrité contre lui. Cette apparition avait impressionné tous les chefs. Au moment de la visite des officiers, ils me demandèrent des explications sur le jésuite (c'est ainsi qu'ils appelaient le portrait), et sur cette frayeur faite au médecin en chef. Aux détails qui me furent donnés sur la chambre et le portrait, je reconnus que c'était bien saint Vincent qui avait impressionné le docteur juif. Malgré l'émotion que je ressentais moi-même, j'essayai de rire et de me moquer de ces Messieurs, en les traitant de peureux et de visionnaires ; mais ils s'emportèrent et soutinrent que c'était non pas endormi, mais bien éveillé, que leur chef avait vu remuer le tableau.

« Je dus me rendre... J'étais vivement émue de ce récit et,
persuadée que le bon Dieu voulait se servir de ce moyen pour
empêcher le mal, je leur dis d'un ton sévère : « Eh bien !
« Messieurs, puisque vous voulez que je vous explique ce que
« tout cela veut dire, ce n'est pas un jésuite que votre chef a
« vu cette nuit, mais bien saint Vincent de Paul, notre
« Fondateur et l'Instituteur de toutes les œuvres de charité
« Longtemps il a habité le château et cette même chambre, et,

« s'il n'est plus sur la terre, son esprit y est encore et veille sur
« les siens. Depuis que vous êtes ici, vous ne parlez que de
« piller une demeure où vous recevez si généreusement l'hos-
« pitalité. Soyez sûrs que, si vous y touchez, il vous arrivera

« malheur ! L'église, le château, l'hôpital ont été les témoins
« de son zèle et de sa charité. Et, ajoutai-je plus fortement,
« saint Vincent de Paul a plus de pouvoir dans le ciel et sur la
« terre que tous vos chefs. »

« Ces quelques paroles impressionnèrent les médecins et les
officiers. Ils eurent vraiment peur de l'ombre de saint Vincent,
et demeurèrent persuadés qu'il venait toutes les nuits visiter
le château. Le Juif demanda, le soir même, à changer de
chambre.

« Quelques heures après cette explication, et au moment où
le docteur juif faisait sa visite dans les salles du château, il
aperçut une de nos Sœurs qui distribuait des médailles à ses
malades. Quittant alors cet air farouche et maussade qui ne
le quittait jamais, il s'approcha poliment :

« — Ma Sœur, dit-il, donnez-moi aussi, je vous prie, une
« médaille pour moi ; ça me portera bonheur.

« — Volontiers, Monsieur le docteur, répondit la Sœur,
« mais il faudra la porter toujours sur vous.

« — Oh ! oui, oui, toujours ; donnez tout de suite, tout de
« suite ! »

Et, sans respect humain, en présence de tous les soldats, il
passa lui-même la médaille à son cou. S'adressant alors à la
Sœur supérieure, il lui dit d'une voix émue :

« — Il arrive ce soir 180 prisonniers français qu'on conduit
« en Allemagne. On voudrait les mettre dans votre église,
« mais je n'ai pas voulu le permettre. J'ai bien fait, n'est-ce
« pas, ma Sœur ?... »

« La Sœur supérieure approuva cette bonne action, et lui dit
que la Sainte Vierge le protégerait.

« Que conclure de tout ceci ? Je n'en sais rien ; mais ce que
je puis affirmer, c'est que médecins, inspecteurs, officiers,

restèrent persuadés qu'il y avait un revenant au château. Plusieurs fois, je voulus revenir sur ce sujet ; mais un officier catholique, qui était dans la confidence des chefs, m'en empêcha. — « Chut ! chut ! me disait-il, ne parlez plus de rien. Nos « chefs ont tellement peur qu'il ne veulent plus qu'on en parle. » Si saint Vincent a voulu protéger le château et l'église, il a parfaitement réussi. »

La guerre franco-prussienne de 1870 fut certainement, étant donnés les progrès de la civilisation et surtout les déclarations solennelles de l'ennemi, sur son but et ses intentions réelles, la plus féconde en cruautés horribles.

Les atrocités s'y succédèrent, s'y accumulèrent, sans qu'on puisse s'expliquer le sentiment qui les avait dictées !

Quelle sinistre fièvre que celle que donnent la haine et l'enivrement de la victoire !

Par compensation, comme Dieu met toujours le bien à côté du mal, combien d'actes d'héroïsme se sont produits, que de vertus ont fait explosion ! Et comme le cœur se réjouit quand il lui est donné d'en connaître quelques-uns !

En voici un, peu connu, bien qu'il ait eu des centaines de témoins, et les habitants d'une ville entière peuvent dirent avec nous, en se découvrant devant l'héroïne :

— Oui, cela est vrai !

Châteaudum ! Nous sommes dans cette ville, héroïque entre toutes celles qui ont résisté aux Allemands vainqueurs en vertu de la loi du nombre, — loi impitoyable, l'*ultima ratio* des luttes de peuple à peuple.

Saluons-la pieusement, la petite ville devenue une grande cité.

Découvrons-nous devant les tombes de ses habitants massacrés sans défense.

Donc, Châteaudum est en flammes.

Le duc de Saxe-Meiningen et le général Wellich dînent à l'hôtel du *Grand Monarque* avec leur état-major.

Au dehors, l'incendie avec ses lueurs sinistres.

La fusillade avec ses crépitements répétés.

Les sanglots des femmes insultées.

Le râle des hommes expirants...

Au dedans, des chants de triomphe, les toasts sinistres, les hourras menaçants. C'est, sous toutes ces formes brutales, le *Vœ victis!* Malheur aux vaincus !

Le repas est fini, et, pour couronner l'œuvre, le général Welich a mis le feu à l'hôtel ! tous les convives se répandent dans les rues de la ville en flammes, en chantant des refrains bachiques.

Onze heures du soir sonnaient.

L'état-major s'installait à la sous-préfecture, pendant que les soldats bavarois, ivres, enfonçant les maisons du quartier de la Madeleine, pillaient, brûlaient, tuaient, massacraient.

Soudain, l'un d'eux est pris d'une idée joyeuse : pour bien finir la journée, il propose de fusiller douze gardes nationaux.

— Hourra ! répondent ses camarades, et l'on procède à l'exécution.

Douze hommes sont arrêtés, au hasard. Jeunes ou vieux, qu'importe !

On les place contre le mur d'une maison de la Place Royale, appartenant à M. Dumanoir.

Un officier bavarois réclame l'honneur de commander le feu. Ses camarades le saluent d'un hourra.

Il fait ranger les bourreaux et s'apprête à donner l'ordre fatal...

Tout à coup, une femme s'élance, et d'un bond se place entre les condamnés et les exécuteurs.

Elle porte la robe noire et le bonnet des Sœurs de la Providence.

— Grâce ! s'écria-t-elle en allemand, grâce !

— Non, répond l'officier, ce sont des francs-tireurs ; il faut qu'on les tue.

— Non, par les plaies du Christ, dit la Sœur en prenant le ciel à témoin, ce ne sont pas des francs-tireurs. Et joignant l'action à la parole, elle se cramponne à l'officier, qui essaye en vain de se dégager de cette étreinte désespérée.

Les Bavarois sont catholiques, et le sentiment de la foi, perçant les brumes épaisses de l'ivresse, se réveille en eux. La présence de la religieuse leur cause une émotion profonde.

L'officier lui-même est ébranlé dans sa farouche résolution. Il recule devant l'idée de se faire l'assassin d'une servante des pauvres et de Dieu !

— Au nom de votre mère, poursuit la courageuse Fille de la Providence, épargnez-les..... Ce sont des pères de famille..... Si vous voulez les tuer, vous me tuerez avant eux !...

— Eh bien ! attendez, répondit après un silence cruel l'homme à qui s'adressait cette supplication ; je vais prendre les ordres du général Wellich.

L'officier part et reste absent plus d'une demi-heure, — un demi siècle pour les condamnés et pour la Sœur. — On comprend, sans qu'il soit besoin de la dépeindre, l'angoisse de ces malheureux.

Enfin l'homme revient.

La Sœur est suspendue à ses lèvres.....

— Emmenez-les, dit-il enfin ; ils ne mourront pas !

La Sœur tomba à genoux et remercia la Providence.

Voilà ce qu'avait répondu le général :

« — Soit ! qu'on ne les fusille pas ; mais qu'on fasse cent

prisonniers..... n'importe qui..... au hasard..... Allez ! et une autre fois arrangez-vous pour ne pas arriver jusqu'à moi ! »

Et maintenant, laissez-moi vous dire le nom de cette Sœur de Charité qui a sauvé la vie à douze Français :

Sœur de Chanlas, de la Providence.

Citons maintenant un fait bien touchant. C'est à l'hospice de Bicêtre qu'on envoyait les pauvres soldats atteints de la petite vérole. Ce sont les Sœurs de la Charité qui occupent ce poste dangereux. Elles sont quarante-sept. Au bout de huit jours, onze d'entre elles ont succombé. La supérieure convoque les Sœurs, leur fait comprendre le péril qu'il y a à occuper un pareil poste, et demande s'il se trouve parmi elles onze Sœurs pour remplacer les pauvres mortes. Trente-deux Sœurs se présentent et il faut tirer au sort les *heureuses élues*. La pieuse jalousie des autres ne dura d'ailleurs pas longtemps, car il fallut encore bientôt de nouvelles remplaçantes ; quarante Sœurs étaient mortes dans se seul hôpital. On pourrait multiplier tous ces faits admirables qui les firent rechercher de tous, sans distinction d'opinion ou de croyance.

Une juive, Mme *Coralie Cahen*, partie de Metz où elle dirigeait une ambulance, étant venue au secours de l'armée de la Loire, s'arrêta à Vendôme. On avait installé une ambulance dans une ancienne abbaye. C'est là que Mme Cahen s'établit.

« Mme Coralie Cahen (1), qui est de *la race* et de la *religion d'Israël*, savait par expérience *qu'auprès des malades rien ne peut valoir la ponctualité, le désintéressement des soins attentifs des femmes appartenant aux congrégations religieuses*. Elle fit appel aux Marianistes de la Sainte-Croix, qui ont leur couvent

(1) Dit M. Maxime du Camp.

au Mans, et sept Sœurs vinrent partager les travaux de l'hôpital; il était temps; on succombait à la fatigue, et les troupes
allemandes se rapprochaient. Les sœurs Marianistes n'ignoraient point les croyances de Mme Coralie Cahen; mais il paraît
que les bonnes Sœurs savent se comprendre, car elles
acceptèrent sans hésitation son autorité, et, au bout de peu de
jours, l'ayant vue à l'œuvre, elles ne l'appelaient plus que
la mère. »

Elles soignèrent aussi les communards avec le même zèle.

Comme la Terreur, la Commune chassa les Filles de Saint-
Vincent de Paul (1), pendant ces sombres jours de si triste
mémoire, les Sœurs gardes-malades furent obligées de prendre
le costume laïque pour pouvoir circuler sans danger dans les
rues de Paris. Mais, malgré cela, elles restaient dans les
ambulances.

« Tandis que la population effrayée se réfugiait dans les caves
et cherchait par tous les moyens à se mettre à l'abri des projec-
tiles et des dangers de toute sorte, nos Sœurs ont constamment
vaqué à leurs occupations ordinaires, dit une supérieure, et se

(1) Qu'on me permette de raconter un souvenir personnel; un jour
(c'était en avril), je vis amener, sur la place Vendôme, une Sœur; elle était
accompagnée de trois gardes nationaux, dont deux étaient de ces ignobles
voyous de Belleville, au costume gris, gamins à l'air crapuleux, dont
j'examinai la physionomie; ils ricanaient, et, sans nul doute, ils devaient
tenir des propos obscènes à la Sœur qui baissait les yeux. A un moment,
je vis le vieux garde national (celui-là n'était pas du même bataillon, il
avait l'ancien uniforme) frapper en colère sur l'épaule des compagnons.
Celui-là était sans doute un pauvre vieux qui servait la Commune pour
toucher ses quarante sous; je devinai qu'il aidait à contre-cœur à cette
arrestation et qu'il venait d'attraper les deux vauriens en leur recom-
mandant plus de respect, car la Sœur se retournant vers lui, eut un pâle
sourire de remerciement, et les deux jeunes vengeurs de Flourens prirent
une attitude plus convenable. Qu'est devenue cette pauvre Sœur? Je n'ai
jamais pu le savoir, pas plus que d'autres qu'on amenait au poste de l'état-
major et que je voyais rarement ressortir.

trouvant à tout instant dans l'obligation d'aller, de venir, passant même la nuit dans leurs dortoirs ordinaires, exposées aux obus des Prussiens et des Communeux, ne quittant jamais leur cornette, qui produisait sur ces derniers l'effet d'un morceau d'écarlate sur un taureau furieux, elles étaient exposées à tous les dangers de jour et de nuit, et partout Dieu les a préservées (1). »

Les communards firent tout au monde pour obliger les Sœurs à partir et surtout à quitter leur costume. Quelques-unes partirent de leurs maisons ; mais, malgré les décrets d'expulsion, celles des hôpitaux restèrent. La Commune avait résolu pourtant de les remplacer par des citoyennes. Mais les chirurgiens, les médecins, protestèrent, menaçant de se retirer. C'est à ce moment que Paris fut délivré, ce qui empêcha les communards de commettre une infamie de plus.

On les chassait des maisons de secours où elles avaient soulagé tant d'infortunes, et l'on saisissait impitoyablement toutes les ressources dont elles disposaient pour leurs bonnes œuvres, *car en ce temps la charité ne devait être que laïque, comme l'enseignement.* Le directeur de l'Assistance publique, Treilhard, se conformant aux instructions qui lui étaient imposées, faisait impitoyablement saisir et verser dans la caisse de son administration les sommes recueillies par les Sœurs et consacrées par elles au soulagement des souffrances urgentes.

« Ce ne fut pas seulement « le curé », l'homme qui officie (2), qui apparaît dans ses vêtements d'or au milieu de la fumée des encens, que l'on persécuta ; ce fut l'humble religieux, ce

(1) *Annales de la Congrégation de la Mission*, t. **XXVI**, p. 533.

(2) Maxime Du Camp. *La Commune à l'Hôtel de Ville. — Les libres-penseurs.*

Les soldats bavarois, ivres, enfonçaient les maisons des quartiers, pillaient, brûlaient, tuaient, massacraient. (Page 108.)

fut le Frère de la Doctrine chrétienne, héroïque brancardier de
nos défaites, ce fut la Sœur de Charité.

« La commune obéit aux injonctions et jeta les Filles de Saint
Vincent de Paul hors des écoles et hors des maisons de secours.
Dans quelques quartiers populeux, le peuple même de la fédé-
ration les protégea et les défendit contre la violence de ses
maîtres. Ailleurs elles firent leur petit paquet et s'en allèrent
tristement. « Quand Dieu vous aura punis de votre révolte,
nous reviendrons pour vous soigner. » Dans quelques hôpitaux,
encombrés de malades et de blessés, les Sœurs parurent
tellement indispensables qu'on les garda, mais en les dépouillant
de leur costume et en voulant les affubler d'une écharpe rouge
en guise de ceinture. A ce sujet, j'ai découvert, parmi les
papiers ramassés dans un hôpital, au moment même de la
dernière bataille, une lettre fort ampoulée, mais curieuse, car
elle prouve que bien des mesures adoptées contre les ordres
hospitaliers n'étaient point du goût des partisans, des soldats
de la Commune. « Citoyen directeur, j'apprends que tu molestes
les Sœurs de ton hôpital. Tu abuses de la force contre des
femmes, c'est malhonnête et c'est lâche. C'est plus commode
d'aller se cacher dans le fond d'un hôpital que d'aller se faire
casser le coco par les canailles de Versailles. La Commune t'a
dit de soigner des malades et non de taquiner des femmes.
Elles ont raison de rejeter ton chiffon rouge, elles sont
neutres, elles sont libres. Entends-moi bien, citoyen, bois tant
que tu voudras le vin des pauvres, fais ta petite pelote, cela ne
me regarde pas, mais, par l'enfer ! ne touche pas aux femmes
Nous ne pouvons souffrir que, pendant que nous nous faisons
mitrailler, elles soient en butte à tes fureurs d'ivrogne. Fais-
leur quitter ton chiffon rouge dont elle ne veulent pas ; qu'elles
gardent leur habit, ça les regarde et non pas toi ; sans cela tu
auras affaire à moi. Je n'attendrai pas que les canailles de

Versailles t'envoie digérer à Cayenne ; je viendrai de la tran-
chée te casser la tête, comme à un chien. » Et à son nom qu'il
signe, l'auteur de cette lettre ajoute : « Un vengeur de la
femme outragée. » Plus d'un fut semblable à ce brave homme
emphatique et menaçant ; plus d'un fut indigné des persé-
cutions dont les Sœurs — les Petites-Sœurs des Pauvres —
étaient l'objet ; mais on était impuissant en présence des votes
de la Commune. Les pauvres Sœurs se dissimulaient, se dégui-
saient et avaient l'air un peu gauche sous les costumes d'em-
prunt que le soin de leur sécurité les avaient engagées à
revêtir. »

*
* *

« Pendant le siège, a écrit une Sœur de l'hospice d'Enghien,
nous avions mis des médailles miraculeuses à toutes les portes
et fenêtres de la maison ; comme une de nos Sœurs exprimait
l'intention de les dissimuler : « Non pas, non pas, s'écria
« Sœur Catherine, il faut qu'ils les voient bien ; mettez-en au
« milieu de la grande porte. »

« Pendant les derniers jours qui précédèrent notre départ
de la maison, les gardes nationaux fédérés se disaient les uns
aux autres : « Allons demander des médailles à la vénérable
« Sœur Catherine, elle en a donné aux camarades qui nous
les ont montrées, nous voulons en avoir à notre tour. » —
« Mais, malheureux, leur dit une Sœur, vous n'avez ni foi ni
« religion ; à quoi vous servira la médaille ? « — « Ma Sœur,
« c'est vrai que nous ne croyons pas à grand'chose, mais nous
« croyons en cette médaille ; elle en a protégé d'autres, elle
« nous protégera aussi ; et si nous allons au feu, elle nous
« aidera à mourir en braves. » La bonne Sœur Catherine en
ponna à tous ceux qui se présentèrent ; ceux qui étainet de

faction se faisaient relever par leurs camarades pour venir en chercher.

« Après l'entrée de l'armée à Paris, on transporta à l'hospice d'Enghien une trentaine d'insurgés blessés, qui devaient y recevoir les premiers soins, avant d'être traduits en jugement. La maison était déjà transformée en ambulance, et on fut obligé de prendre un dortoir des orphelines pour y mettre les nouveaux venus. L'aspect de ces hommes était si effrayant, que Sœur Eugénie, désignée pour les soigner, n'eut pas le courage de leur faire faire aucun acte de religion pendant les deux premiers jours ; mais enfin, obéissant au sentiment du devoir, et, pressée par les conseils d'une compagne, elle alla trouver Sœur Catherine, et lui demanda des médailles pour ses insurgés. Celle-ci lui en donna aussitôt, en l'encourageant à user de ce puissant moyen pour ramener ces malheureux à des sentiments chrétiens. Sœur Eugénie, un peu rassurée par cette pensée, se mit au milieu de la salle, et, tout émue, elle proposa de faire la prière du soir ; quelques voix répondirent : « Oui, ma Sœur ; » elle commença en tremblant, mais arrivée au *Credo*, l'émotion et l'épouvante la saisirent, au point qu'elle se mit à pleurer comme un enfant et fut obligée de s'interrompre. Lorsqu'elle eut retrouvé la parole, ce ne fut pas pour continuer la prière, mais pour expliquer aux prisonniers le sentiment qui la dominait en pensant que le lendemain ils seraient tous jugés et peut-être condamnés ; puis, après leur avoir fait une petite exhortation inspirée par la circonstance, elle leur proposa de leur donner à tous une médaille de la Sainte Vierge, en les suppliant de ne la point quitter, quoi qu'il arrivât. La proposition fut acceptée sur-le-champ, mais Sœur Eugénie était trop effrayée pour oser leur donner en mains propres la chère médaille ; ce ne fut qu'au milieu de la nuit, lorsque tous paraissaient endormis, qu'elle alla doucement la déposer au chevet de chaque lit. Le lendemain matin, quelle ne fut pas sa joie lorsqu'elle vit tous ces pauvres insurgés avec la médaille suspendue à leur cou !

« La supérieure, entrant dans la salle où ils étaient réunis, leur proposa de faire venir un prêtre pour les confesser. *Tous* acceptèrent avec des marques non équivoques de reconnaissance. Un bon prêtre, qui avait fait partie des otages de la Commune, vint en effet, entendit leur confession et se retira très consolé, assurant qu'il répondait de leur salut. Ces malheureux quittèrent la maison à sept heures, les uns en voiture, les autres sur des brancards, pour être conduits à Versailles ; ils étaient calmes et résignés, et, en partant, ils montraient encore aux Sœurs la médaille qu'ils portaient. Dieu aura sans doute accepté leur sacrifice en réparation de leurs fautes. »

*
* *

Pendant l'effroyable guerre turco-russe (1877-1878), les Sœurs de la Charité prodiguèrent leurs soins aux victimes.

Voici celles qui moururent à la peine :

Sœur Guillemand, de la Providence, décédée le 27 février 1878, d'une fluxion de poitrine, 43 ans de vocation.

Sœur Eynaud, de la Providence, décédée le 1ᵉʳ mars, d'une fièvre typhoïde, 18 ans de vocation.

Sœur Fabre, de l'hôpital de la Paix, décédée le 17 mars, du typhus. 22 ans de vocation.

Sœur Durand, de la Providence, décédée le 25 mars, d'une fièvre typhoïde, 43 ans de vocation.

Sœur Lanti, de l'hôpital des Artisans, décédée le 26 mars, d'une fièvre typhoïde, 29 ans de vocation.

Sœur Mayard, de la Providence, décédée le 2 avril, d'une fièvre typhoïde, 25 ans de vocation.

Sœur Berteli, de l'hôpital allemand, décédée le 9 avril, d'une fièvre typhoïde, 11 ans de vocation.

Sœur Léon, assistante de la Providence, décédée le 15 avril, d'une fièvre typhoïde, 28 ans de vocation.

Sœur Poisseneux, de la Providence, décédée le 19 avril, d'une fièvre typhoïde, 13 ans de vocation.

Sœur Deschuystencer, de Sienne, décédée le 19 mai, d'une fièvre typhoïde, 20 ans de vocation.

Sœur Vazeille, de la maison-mère, décédée le 30 mai, d'une fièvre typhoïde, 22 ans de vocation.

Ahmed-Véfiq-Pacha, le président du conseil des ministres du sultan, remercia les Sœurs avec effusion.

Au Tonkin, si les soldats français ont malheureusement bien des souffrances à endurer, ils ont au moins une chance, celle de posséder des Sœurs pour les soigner :

Citons une charmante anecdote que raconte le *Figaro* :

« C'était à l'époque où le Tonkin et l'Annam n'étaient pas encore pacifiés.

« Au beau milieu d'une ambulance tombe un obus. Il n'éclate pas, mais il reste armé, sur la défensive, prêt à répondre au moindre choc à une explosion qui achèvera les blessés et hachera menue toute la création.

« Une femme est là ; elle se penche, en se signant, vers ce morceau de fer inerte, le saisit, le tient entre ses bras, à distance de son cœur, dont les battements auraient pu faire tressaillir l'âme de l'engin de mort. Elle l'emporte au loin. Au mouvement trop brusque qu'elle fait en le déposant, elle perçoit le danger, elle se jette à terre. L'obus éclate. On accourt. Le sang coule. Elle est morte...

« — Mais non, mes enfants, *c'est pour rire !* »

« De ce mot héroïque, son expression favorite, Sœur Marie-Thérèse, Fille de Saint-Vincent de Paul, nargue la mort qu'elle a, au prix d'une entaille à la tête, détournée des blessés confiés à ses soins. Chargée de donner les potions qu réconfortent, d'appliquer le pansement qui guérit, quoi de plus naturel qu'elle emporte les obus qui tuent ! C'est dans son service.

« Sœur *C'est pour rire*, — ce surnom, elle l'a gagné à Magenta, comme Mac-Mahon le titre de duc, lorsque, assistant un blessé sous la mitraille, elle fut elle-même atteinte d'un éclat d'obus (entre elle et les obus, las d'être gouaillés, il y a un compte qui se réglera tôt ou tard), Sœur *C'est pour rire* vient de recevoir, devant les troupes rangées en bataille, tambours battant, clairon sonnant, la croix de la Légion d'honneur.

« Et cette humble religieuse, vétéran de nos champs de bataille (quarante ans de service, soixante-trois ans d'âge, vingt citations à l'ordre du jour, deux blessures), n'a pas trouvé à répondre, au général qui lui annonçait sa nomination, autre chose que son fameux : « *C'est pour rire !* »

« C'était si sérieux que le général ne lui fit pas grâce d'une seule cérémonie. Elle a été reçue chevalier suivant les rites : l'épée du général a touché ses deux épaules, et la vieille moustache a effleuré ses joues ridées.

« A cette accolade de deux braves, il est plus facile de concevoir que de décrire le patriotique enthousiasme du soldat. Contraste grandiose : d'un côté, le général, en grand uniforme, entouré d'un brillant état-major ; de l'autre, suivie d'une envolée de cornettes blanches, l'humble Sœur de Charité, en

grande tenue de service aussi, manches retroussées, à la main
une bande de pansement à moitié déroulée.

« Sur le signal d'avancer à l'ordre, elle était sortie de
son ambulance, sans soupçonner ce qu'on voulait d'elle,
croyant peut-être qu'il s'agissait encore d'un obus à trans-

porter. Elle était accourue, grommelant d'être arrachée du chevet d'un blessé : « Eh bien ! pour le coup, ce n'est pas pour « rire ! » Le service avant tout ! Pourquoi la déranger du dernier pansement qu'elle faisait à une jambe qui doit être coupée ce soir ?

« — C'est pour rire ! » disait-elle à ce moment au patient. « Ta jambe te gêne, fantassin ; elle est abominablement gâtée ; « tu ne veux pas rapporter au pays une pareille gangrène, « lorsque ta payse t'a vu partir avec une bonne jambe. Laisse « cette pourriture aux Tonkinois, c'est assez bon pour eux ? »

« Tellement quellement elle consolait par avance ce mutilé, lui contant de ces calembredaines chères au peuple, qui les font rire, qui lui donnent du cœur au ventre, qui font d'un homme sain, vigoureux et complet, il y a huit jours, un amputé par persuasion.

« Il faut de ces natures énergiques, à la rude écorce et au cœur tendre, pour réconforter le troupier, lui remonter le moral, et pouvoir, grâce à de bonnes paroles et à des soins dévoués, le renvoyer en France, s'il le faut, avec une jambe de moins, la part du feu. En voilà un, sans doute, qui ne votera pas la laïcisation des hôpitaux ! En vérité, dût la motion paraître féroce, si la fin de cette criminelle aberration était subordonnée à cette condition que tous les laïcisateurs fussent amputés d'une jambe sur un champ de bataille, il y aurait tout à gagner à les envoyer se faire opérer au Tonkin.

« La Sœur *C'est pour rire* se chargerait de vous les réexpédier un peu diminués de corps, mais l'âme transformée. Qui sait si Paul Bert, même sans recourir à une douloureuse mutilation, ne fût pas revenu de là-bas avec le fanatisme en moins ? Qu'on se souvienne qu'il se fit soigner par ma Sœur *C'est pour rire.*

« Ce n'est pas unique hommage rendu par des adversaires

au dévouement, à l'amour évangélique du prochain, que les plus acharnés savent inépuisables. Ils vont, à l'heure du danger, tout droit où la nation a gardé sa réserve d'abnégation, d'héroïsme et d'honneur. Loin d'être entamée, cette réserve grossit tous les jours avec le sentiment du péril, puisque l'armée se fortifie et que les Sœurs de Charité continuent à se surpasser.

« Elle nous a permis d'envisager sans peur les provocations et conséquemment d'assurer la paix, ce bien suprême qui rend la patience facile. Dieu veuille que, comme Sœur Marie-Thérèse, nous puissions dire de toutes les alertes : « C'est pour rire ! »

Ecoutez cette histoire de la Sœur Saint-Vincent, racontée dernièrement par un soldat :

« Oh ! la bonne Sœur Vincent ! il me semble que la Providence ait voulu l'épargner, quand nombre de ses compagnes succombaient à la peine. C'est à elle que le général de Négrier, blessé deux fois grièvement, disait en lui serrant la main : « Nous « sommes deux *veinards*, ma Sœur ! »

« Un sergent du 111e de ligne, nommé, je crois, Tolaud, occupait, à l'ambulance de Quan-Yen, le lit voisin du mien, Il se tordait dans les atroces coliques de la dysenterie, frappant, dans son délire, sur un ennemi imaginaire et se meurtrissant les poignets contre le mur et les tringles de fer de son moustiquaire.

« Le major Reynaud, médecin du 111e de ligne, celui qui fut plus tard décapité par les Chinois au combat de *Bang-Bô,* — prodiguait aux malades des soins assidus. Un jour, pendant la visite, il remarqua les plaies du sergent et fit demander la Sœur de service. La Sœur Vincent arriva.

« — Comment se fait-il, dit le médecin d'un ton sévère, que le sergent Tolaud soit blessé aux mains. Vous ne veillez donc pas vos malades, la nuit?

« La Sœur Vincent baissa les yeux.

« — Monsieur le major, je suis moins forte que lui : il faudrait l'attacher et vous l'avez défendu.

« Touché par cette réponse, le major Raynaud se radoucit. Il invita la Sœur à construire un mannequin en paille de riz recouverte de toile, et à le placer près du lit du malade. De cette façon, dit-il, il pourra taper sans se faire du mal et quand ses nerfs seront épuisés, il s'endormira. Ayant dit, le médecin passa au lit suivant.

« Certes, elle était trop faible, la pauvre Sœur Vincent, pour lutter avec ce grand colosse de sergent, et maintes fois, je la vis aux prises avec lui, essayant de tenir ses mains pendant qu'il lui jetait à la figure tout le répertoire ordurier des casernes. Et des yeux de cette sainte Femme coulaient de grosses larmes ; elle voyait son impuissance, et pourtant n'abandonnait la tâche qu'à bout de forces. J'espérais donc pour elle que l'invention du docteur lui éviterait la lutte quotidienne, sans toutefois m'attacher à cette idée, brisé que j'étais par la fièvre, anéanti par la douleur, incapable de m'intéresser à quoi que ce soit.

« Je fus réveillé au milieu de la nuit par les cris de mon voisin : ils étaient plus aigus que d'habitude. A la lueur de la petite lampe qui éclairait l'immense pagode, rien n'était plus terrifiant que la physionomie du malheureux sergent. Les traits étaient contractés, les yeux démesurément ouverts, il riait d'un rire qui sonnait faux en criant : Ah ! bandit ! ah ! canaille ! tu me rendras ce drapeau ? Et de ses deux poings fermés, il frappait la muraille.

« L'ordre du docteur me revint à la mémoire, et je fus étonné de son inexécution. Il était probable que la Sœur Vincent n'avait pas trouvé les matériaux nécessaires à la construction du mannequin.

« Aux cris du malheureux, la Sœur était accourue, et je vis alors un spectacle poignant.

« La pauvre femme, près du lit, les mains jointes, se laissait frapper par le sergent, sans un murmure, sans une plainte. Et chacun des coups de l'halluciné retentissait au plus profond de mon cœur.

« J'étais désolé de mon impuissance. Au moment où la Sœur Vincent fut prise par les cheveux, j'essayai de me soulever sur ma couche, mais trop faible, je retombai brisé par l'effort.

« Et ce supplice dura près d'une heure !

« Quand le sergent fut las de frapper, il retomba épuisé sur son lit. Doucement, avec des attentions maternelles, la sainte Fille lui ramena le drap jusqu'au menton, essuyant avec une serviette l'écume rouge qui perlait à ses lèvres. La Sœur se retourna alors et je vis un sourire angélique éclaircir sa figure pâle. Elle était satisfaite, contente d'elle.....

« Le lendemain, le médecin, passant sa visite, constata une amélioration dans l'état du sergent Tolaud.

« — Vous voyez, ma Sœur, dit-il, croyant qu'on avait suivi son instruction, les mains de notre homme se guérissent.

« — Oh ! oui ! Monsieur le major, répondit-elle en souriant, il n'a pu se blesser cette nuit (1). »

Tout cela n'est-il pas admirable. Ce dévouement des Sœurs est une chose que ne connaissait pas l'antiquité et que la religion chrétienne a seule pu nous donner.

Ce n'est pas seulement dans les pays de notre protectorat qu'on les trouve ; en Amérique, les Sœurs ont porté aussi l'esprit de sacrifice et de dévouement qui fait aimer et bénir le nom de la France.

____

(1) *La Campagne*, 31 août 1890, article signé : Ulric Guttinguer.

Les *Annales de l'OEuvre de la Sainte-Enfance* publièrent, en décembre 1886, une lettre du Révérend Père Ramond, missionnaire apostolique dans le Tché-Ly occidental dans laquelle il rendait compte de l'œuvre accomplie dans ce vicariat au courant de l'année 1885.

Nous extrayons de cette lettre ce qui concerne le principal orphelinat des Filles de la Sainte-Enfance :

« Plus de 300 enfants composent cet orphelinat. Les plus petites y apprennent à bégayer les premiers éléments de la Religion ; les moyennes, tout en continuant d'apprendre leurs prières, s'initient aux travaux propres à leur sexe ; les plus grandes sont à peu près exclusivement occupées aux fonctions qu'elles auront bientôt à remplir dans la maison de leurs belles-mères (1). Le recueillement, la piété, la dévotion de tout ce monde à l'église témoigne de son application et de sa docilité à la maison. — Parmi ces 300 enfants, il y a bien une trentaine d'aveugles : c'est ce que j'appellerai la portion privilégiée des bonnes Sœurs. Ces infortunées, grâce à des soins tout particuliers, commencent à grandir aux yeux de leurs compagnes et d'elles-mêmes. A l'heure qu'il est, elles ne le cèdent aux voyantes que sous le rapport de la lecture et de l'écriture (l'on n'a pas encore inventé en Chine l'art de faire lire et écrire les aveugles !). Plusieurs tissent déjà aussi bien et même mieux que celles qui ont leurs deux yeux : ce qu'apprenant, quelques chrétiens ne craignent pas de demander des aveugles pour épouses ; ils espèrent que leurs femmes leur apporteront, sinon une bonne vue, du moins une assez forte dot et une plus grande application et diligence au travail. Jusqu'ici l'on n'a osé en donner aucune. — Il n'est pas jusqu'aux muettes, que,

---

(1) Elles sont mariées, dans nos communautés chrétiennes, par les soins de nos missionnaires.

faute de moyens, l'on avait complètement négligées jusqu'à présent, qui ne commencent à montrer quelque intelligence de Dieu, de l'âme, du Ciel et de l'Enfer; c'est un labeur autrement difficile que celui d'enseigner le tissage à une aveugle. En Europe, à la bonne heure ! mais en Chine !... »

Aussi ce respect qu'elles ne trouvent plus chez nous, c'est chez les infidèles, chez les Turcs, chez les Mahométans, qu'il faut le chercher maintenant.

Les journaux français n'ont-ils pas raconté qu'un malheureux musulman de la classe inférieure, ayant été condamné à mort pour un délit peu grave, les Sœurs de Saint-Vincent de Paul se rendirent au palais du Sultan et lui demandèrent une audience dans le dessein d'obtenir de lui la grâce de l'infortuné. Abd-ul-Medjid, averti de leur présence, ordonna de les introduire et écouta avec affabilité leur requête.

— Puis-je refuser quelque chose au zèle généreux qui met dans le cœur de telles pensées ? Veuillez suivre cet officier ; il va vous conduire à la prison, où vous aurez la joie de délivrer vous-mêmes votre protégé.

Et, comme les Sœurs de Charité se retiraient attendries, le Sultan ajouta :

— N'oubliez pas le chemin de ce palais ; chaque fois que vous aurez quelque grâce à me demander, les portes vous en seront ouvertes, à vous *les anges de la miséricorde.*

Peut-être Abd-ul-Medjid était-il au courant de l'œuvre admirable des religieuses de la maison de la Providence de Smyrne que leur Supérieure résumait ainsi, pour l'année 1856, dans le rapport officiel qu'elle adressait à son Supérieur général :

« Chaque jour, notre dispensaire assiste près de deux cents malades de toutes les religions.

« L'Association des Dames de la Charité se soutient et s'augmente... Les pauvres malades occupent et intéressent vivement ces bonnes Dames : elles les visitent avec nous, se constituent leurs mères et leurs avocates et montrent un zèle au-dessus de tout éloge dans les quêtes qu'elles font pour eux...

« Nous avons pu, cette année, adjoindre à cette œuvre la visite des prisonniers ; c'était depuis bien longtemps l'objet de nos désirs...

« Nos courses dans les quartiers turcs sont devenues quotidiennes...

« Notre externat, tout gratuit, compte toujours près de trois cents enfants pauvres...

« Outre les trois classes, nous avons deux ouvroirs, où elles apprennent, dans l'intervalle de leurs petites études, les différents ouvrages manuels. Nous admettons de plus, dans une catégorie à part, quelques jeunes personnes à titre d'ouvrières.

« L'orphelinat pour les filles ne demande que des ressources pour se développer beaucoup. Il compte actuellement plus de cinquante enfants...

« Nous désirions beaucoup procurer le même bienfait aux pauvres petits garçons...

« MM. les Supérieurs de la Mission et du Collège n'ont donc pas balancé à unir leurs efforts pour fonder et soutenir cette œuvre des orphelins, qui déjà donne des fruits bien consolants... »

La Sœur Giguoux, telle était le nom de cette Supérieure, avait grand espoir, et elle avait raison, car les progrès de cette œuvre chrétienne ont été en croissant en Orient, ainsi que le témoigne cette lettre écrite de Santorin par une Sœur :

« ...Nous n'avons, mon très honoré Père, aucun fait éclatant à relater cette année ; toutefois, par le petit aperçu que je suis tout heureuse de vous adresser, vous pourrez vous convaincre que les œuvres se maintiennent et qu'elles s'étendent, malgré les obstacles que l'ennemi de tout bien suscite de temps en temps. Ainsi, dans le courant de l'année 1875, nous avons eu :

10.400 pansements au dispensaire;
200 visites de malades à domicile;
107 malades soignés à l'hôpital;
27 orphelins tous catholiques,
56 orphelines, 52 sont catholiques et 4 sont schismatiques.

« Nationalités : française, grecque, turque, italienne, allemande et arménienne. »

CHAPITRE IV.

LES SŒURS HOSPITALIÈRES.

Les Petites-Sœurs des Pauvres. — Les maisons. — L'odyssée d'une Supérieure. — Les Sœurs aveugles de Saint-Paul. — L'abbé Juge. — Les Sœurs de l'Hôtel-Dieu de Romorantin.

*

Les Petites Sœurs des Pauvres.

Qui ne connaît cette admirable œuvre hospitalière des *Petites Sœurs des Pauvres.*

C'est en Bretagne, à Saint-Servan, que deux pauvres filles, en 1840, eurent la première pensée de cette œuvre.

Le vicaire d'une des paroisses de Saint-Servan, l'abbé Le

Pailleur, était en peine de défendre, contre l'abandon, de vieilles femmes, veuves de pêcheurs, qui, à cause de leur âge, ne pouvaient travailler et risquaient chaque jour de mourir de faim.

Parmi les dévotes qui se confessaient à lui, il en remarqua deux d'un grand cœur; il les engagea à recueillir les abandonnés et à les soigner.

Celle à qui il s'adressait pour secourir les autres n'avaient rien elles-mêmes ; c'étaient de pauvres filles sans ressource, mais elles avaient un grand amour pour Jésus-Christ et une ardente charité pour le prochain.

Le conseil de l'abbé Le Pailleur fut suivi; on obtint quelques chambres, quelques meubles, un peu de linge : Voilà le commencement d'une maison de refuge !

En quelques années les deux pauvres filles, qui s'étaient unies d'abord, avaient vu venir à elles des adeptes; elles furent dix, cent, quatre cents; elles sont aujourd'hui plus de deux mille !

Elles ont porté ce nom grave et doux de *Petites-Sœurs des Pauvres* sur tous les points de la France, en Espagne, en Italie, en Belgique, en Prusse, dans les deux Amériques.

Vers 1849, deux d'entre elles, Sœur Marie-Augustine et Sœur Marie-Louise, s'établissaient rue Saint-Jacques, 277, non loin du Val-de-Grâce et commençaient à y recevoir quelques vieillards.

Elles ont, en 1896, cinq maisons : la maison-mère, rue Saint-Jacques ; une maison avenue de Breteuil, 82, près des Invalides une autre rue de Picpus, près la barrière du Trône ; une quatrième rue Notre-Dame-des-Champs sur la paroisse Saint-Sulpice ; et la cinquième, près du chemin de fer du Nord, rue Philippe-de-Girard, 13.

Ces maisons abritent une population moyenne de onze cents vieillards, arrachés à la misère, aux logements malsains, souvent au désordre, à l'isolement si triste des derniers jours.

Comme il faut être âgé de soixante ans au moins pour être admis chez les *Petites-Sœurs des Pauvres* et que les malheureux qu'elles reçoivent sont en général épuisés par les misères de la vie, on peut compter que la population hébergée et soignée dans les cinq maisons s'est, depuis que ces maisons ont été fondées, renouvelée déjà quatre fois ; ces saintes filles ont donc soigné, à Paris seulement, environ *cinq mille* vieillards.

Un écrivain (1) qui a visité l'une de leurs maisons a écrit :

« La vie est en commun et c'est dans de grands et longs réfectoires que j'ai trouvé tous les vieillards valides rassemblés. Quelques-uns jouaient aux cartes, d'autres causaient des événements du jour, revenant à tout propos en arrière et se plaisant à raconter le passé. Il paraît que lorsque les étrangers ne sont plus là, la politique elle-même est l'aliment préféré des conversations.

« Ceux qui le peuvent ou le veulent, travaillent. Les tailleurs rapetassent les effets donnés chaque jour ; les cordonniers ressemellent les chaussures ou en fabriquent de neuves. Dans les réfectoires de femmes, la laine est employée à tricoter des bas ou des chaussettes ; les morceaux d'étoffes, les échantillons donnés dans des magasins servent à faire des rideaux, des couvre-pieds qui, je vous assure, sont d'un très réjouissant effet.

« Toutes ces figures de vieux respiraient le contentement, la satisfaction. Quand la Sœur appelle l'un d'eux, on ne peut s'imaginer la joie qui se manifeste sur les visages.

(1) Furetières.

« On n'entend aux oreilles que cette phrase :

« — Monsieur, elles sont si bonnes pour nous.

« Rue Picpus, un grand bonhomme, un ancien palefrenier, s'est approché de moi :

« — Faudrait pas qu'on leur fît du mal, voyez-vous, ou qu'on nous en dise d'elles.

« Et je voyais que cet orateur était l'interprète de tous ses compagnons. Cette bonne Sœur pour eux, c'est la tendresse et l'affection qui les enveloppent encore, qui les consolent. Elle est la dernière et suprême caresse de ce monde. Ajoutez que l'on ne s'apercevait pas du froid dans ces réfectoires. L'atmosphère était chaude, d'une chaleur douce et pénétrante. Ah ! en ce moment, le chauffage, c'est la grosse affaire pour les Petites-Sœurs des Pauvres. Jusqu'aux fumoirs qui ont leurs calorifères. Et ils sont nombreux les vieux qui tiennent encore à fumer leur bouffarde. Pour eux, on fait chaque jour provision de tabac de cantine, tandis que pour les femmes on achète du tabac à priser, des tabatières, et le moment de ces distributions n'est pas le moins intéressant de la journée.

« Cette journée, elle commence dès que le jour se lève par un premier déjeuner au café, qui permet d'attendre le principal repas, à midi. A trois heures, goûter ; à sept heures, une collation du soir. Entre tous ces repas, de bons verres d'une tisane qui bout toujours sur le feu. La nuit venue, on n'est pas obligé de presser les vieillards de se rendre au dortoir où les lits se succèdent des deux côtés des murailles. Ils ont hoacun une paillasse, deux matclas, des couvertures, deux oreillers ; les frileux sont pourvus d'un traversin. On ne m'attendait certes pas, et j'ai pu constater la blancheur des draps, l'excellente aération des dortoirs.

« Dans l'infirmerie qui les suit, on devine que les soins sont plus grands encore, les précautions plus multipliées. En

un mot, les misères de l'abandon, de la vieillesse sont autant
q e possible atténuées. Les plaies morales comme les plaies
physiques sont soignées avec la même ineffable bonté. Aucune
contrainte n'est exercée sur l'esprit de ces vieux, qui vont
prier à la chapelle quand bon leur semble, et qui n'ont pas
besoin de commandement pour se rendre tous les matins à la
messe.

« Et parmi les pensionnaires des Petites-Sœurs des Pauvres,
il y a des hommes ayant appartenu à toutes les conditions,
d'anciens commis, des ouvriers, des négociants, des artistes.
Que seraient-ils devenus sans ces asiles ? A la charge des
Bureaux de bienfaisance, ils mendieraient peut-être dans les
rues, ou seraient morts de privations, de découragement. Les
Petites-Sœurs des Pauvres les ont sauvés, et l'on peut, après
ce tableau trop rapide, comprendre quelle est la part de cette
Congrégation dans l'œuvre de la charité privée. Ce n'est donc
pas à augmenter les impôts qui pèsent sur cette Congrégation
qu'un gouvernement devrait s'attacher, mais à les diminuer,
si ce n'est à les alléger totalement. Quand je pense qu'un seul
hospice de Petites-Sœurs des Pauvres paie au fisc la somme de
5.000 francs au moins ! Cinq vieillards, avec cette somme,
pourraient être soulagés et entretenus. Tâchons donc, par nos
offrandes à ces courageuses quêteuses, de leur permettre de
combler le déficit qui va les atteindre. Il est impossible, lorsque
l'on connaît tant soit peu cette merveilleuse organisation,
ces efforts que rien ne rebute ni ne décourage, de ne pas
ouvrir son porte-monnaie, de ne pas courir à son vestiaire
pour voir s'il n'y reste pas quelques effets inutiles ou démodés.
N'est-ce pas M. Gréard, dans le discours où il faisait à l'Académie l'éloge de M. de Falloux, qui racontait cette touchante
anecdote où son prédécesseur, enthousiasmé des bienfaits des
Petites-Sœurs établies à Angers, s'empressait de leur donner

ses meilleures laitières en ajoutant quelques billets de mille francs pour assurer la nourriture des bonnes bêtes ? Elle serai longue, la nomenclature des récits concernant les Petites-Sœurs des Pauvres, récits à l'honneur des bienfaiteurs et des admirables femmes qui en étaient l'objet. Ils dépasseraient le cadre d'une étude toute parisienne et sur laquelle je reviendrai à l'occasion, toujours avec bonheur. »

*
* *

Voulez-vous connaître l'odyssée d'une supérieure des Petites-Sœurs des Pauvres, véritables Sœurs des Hôpitaux, lisez cette brûlante histoire écrite par un écrivain de la *France Chrétienne* d'après les souvenirs de sa famille :

Le docteur Récamier et le Scapulaire.

« Une jeune ouvrière en robes avait quitté sa petite ville natale pour aller se fixer à Paris. Elle était accompagnée de sa mère, dont elle était l'unique enfant ; celle-ci était veuve depuis plusieurs années.

« Ayant quelques ressources et comptant sur l'avenir, elles s'installèrent assez commodément. La jeune ouvrière, qui était déjà habile, dut s'adjoindre bientôt quelques apprenties, car la clientèle avait augmenté.

« Tout allait très bien, et le bonheur, tel que le menu peuple je rêve en ce monde, régnait dans ce petit intérieur. Plusieurs uanées se passèrent ainsi. Et la fille et la mère étaient heureuses sous le regard de Dieu, car elles le servaient de bon cœur.

« Mais Dieu, qui aime les siens, surtout en vue de l'éternité, et qui veut les faire arriver à un incomparable bonheur dans

Elle garnit une chaufferette, allume le charbon, et se jette sur son lit.
(Page 140.)

la vraie patrie, ne veut pas qu'ils s'attachent trop à la terre qui n'est qu'un lieu d'exil. Il avait d'ailleurs des desseins de miséricorde et de prédestination pour les deux chrétiennes dont nous parlons. Il voulut donc les arracher à ce bonheur éphémère qui les aurait peut-être perdues, en leur faisant don de sa croix, et avec une surabondante rigueur. La mère, encore dans la force de l'âge, fut atteinte d'une maladie incurable qui devait forcément la conduire au tombeau. Une tumeur cancéreuse la dévorait.

« La jeune fille, qui aimait sa mère d'une tendresse incomparable, laissa son travail et se livra tout entière aux soins de sa malade. Elle les lui prodigua et la nuit et le jour, avec ce dévouement empressé et affectueux qui se trouve toujours dans le cœur d'un enfant de bénédiction. De longs mois se passèrent ; mais le mal ne fit qu'empirer. Au bout de deux ans, cette prédestinée de la souffrance rendit son âme à Dieu, après avoir supporté ses atroces douleurs avec la résignation d'une sainte.

« Sa pauvre fille, restée seule sur la terre, ne pouvait se consoler de la mort de sa mère. Epuisée de fatigues et de veilles, le cœur brisé, elle tomba dans une maladie de langueur qui devait être fatale pour ses jours. Pour comble de malheur, toutes ses ressources s'étaient taries et le travail, auquel elle ne pouvait plus se livrer d'ailleurs, lui manquait complètement. Alors des jours très cruels se levèrent pour cette infortunée. La misère la plus complète l'avait envahie ; mais d'une fierté de caractère peu commune, elle ne pouvait se résoudre à tendre la main. Que faire dans cette extrémité ? Sans doute se tourner du côté de Dieu, et s'attacher plus fortement à sa croix sans craindre la pointe aiguë des clous, ni les aiguillons de la couronne d'épines. Quoiqu'elle eût gardé toute la foi de son enfance, elle ne sentait plus dans son cœur ce mâle courage qui fait les martyrs. Et puis, elle était seule ! et que la solitude est amère dans une si triste situation ! *Væ soli*, a dit l'Esprit-Saint ; malheur à celui qui est seul au milieu des angoisses de la vie !

« La jeune fille sentait à chaque heure son courage défaillir. Le souvenir des jours dorés de son enfance, quand son front était couvert des baisers de sa mère, celui des premières années de son arrivée à Paris, où elle avait été si heureuse, se retraçaient à sa mémoire pour l'accabler encore davantage. « Quel état et quelle misère, se disait-elle. Qu'ai-je donc fait pour être ainsi plongée dans une pareille infortune ? » Mais le Ciel semblait d'airain ; et la charité chrétienne, qui aurait été si compatissante en cette triste occasion, ignorait ce navrant désespoir... Une nuit, l'infortunée n'y tint plus. Obsédée par je ne sais quel esprit malfaisant, elle s'abandonne à ses sombres pensées et se livre à tout ce que le désespoir a de plus extrême. Elle résolut d'en finir avec la vie. Elle garnit une chaufferette et, au premier coup de minuit, elle ferme sa chambre en dedans, allume le charbon, et se jette sur son lit.

« Vers cinq heures du matin, — c'était au mois de juillet, — une de ses anciennes amies, qui providentiellement était arrivée la veille à Paris, alla en toute hâte la visiter. D'un pas alerte, elle monte à ce cinquième étage qu'elle avait vu autrefois. Elle frappe à la porte : on ne répond pas. Elle frappe plus fort ; même silence ! Impatiente autant qu'étonnée, car on lui a assuré que son amie était à sa chambre, elle regarde par le trou de la serrure, et constate avec stupeur que la porte est fermée en dedans. Une pensée horrible lui traverse l'esprit et elle appelle au secours. On enfonce la porte et on ne voit qu'un cadavre sur le lit !...

« En ce moment, le docteur Récamier entrait dans cette maison, pour visiter un malade. On le prie de venir jusqu'à

cette chambre funèbre ; il arrive en toute hâte, il prend le bras
de la jeune fille : il était froid et presque déjà raidi ! Il penche
son oreille sur le cœur : pas un battement ! « Hélas ! elle est
bien morte, s'écrie-t-il. Mais en approchant de plus près et en
examinant toute chose avec plus d'attention, il aperçoit, sur
la poitrine de cette pauvre désespérée, un scapulaire de Notre-
Dame du Mont-Carmel. « Mais elle ne doit pas être morte,
reprend vivement le docteur, puisqu'elle porte le scapulaire !
La Sainte Vierge n'a-t-elle pas promis que quiconque mourra
dans ce saint habit ne souffrira jamais les flammes éternelles?
Cette jeune fille n'est donc pas encore morte, puisqu'elle
mourrait dans le crime que Dieu punit par les peines de
l'Enfer ! »

« Et le grand docteur, qui était chrétien plus grand encore,
presse ce scapulaire entre ses mains. Il se penche de nouveau
sur le corps inanimé de cette malheureuse, et prête une oreille
plus attentive pour s'assurer encore mieux... s'il n'entend pas
quelques légers mouvements dans son cœur. Toujours, hélas !
rien que l'immobilité de la mort ! La foi du docteur Récamier
était mise à une très grave épreuve. Il était muet d'étonnement et de douleur !

« Après avoir réfléchi quelques instants : « Prenez donc deux
martinets, dit-il aux personnes présentes, et frappez sans
relâche sur tous les membres de ce corps et surtout sur la
poitrine. Il n'est pas possible que Notre-Dame du Scapulaire
manque ainsi à sa promesse, et qu'elle ait laissé périr cette
âme sans un acte de repentir que cette malheureuse n'aurait
pu faire en mourant dans le désespoir. » Et l'on se met à
frapper à coups redoublés, et à chaque minute le docteur examine
avec une impatiente attention si aucun signe de vie n'apparaît.
Après une heure d'efforts et de sollicitude, le mâle visage du
docteur s'illumine tout à coup, et il s'écrie, les larmes aux

yeux : « La vie lui revient ! Je vous le disais bien que Notre-Dame ne pouvait la laisser mourir ainsi ! Moi, je soigne les malades, et Dieu les guérit ! »

« On prodigua à la jeune fille tous les soins que réclamait son malheureux état. Elle revint à la santé. Elle pleura longtemps son crime avec des larmes amères. et en demanda humblement pardon à Dieu et aux hommes. Elle ne crut pas pouvoir mieux expier son incomparable faiblesse qu'en entrant dans l'état religieux. Elle sollicita avec une persévérance à toute épreuve une place au Noviciat des Petites-Sœurs des Pauvres. Elle y fut admise et y vécut de très longues années, donnant à tout le monde l'exemple des plus hautes vertus. Elle est morte, il y a peu de temps, supérieure de l'une des Maisons des Petites-Sœurs des Pauvres. Elle était chargée de mérites et de jours et avait tous les signes d'une vraie prédestination. »

*
* *

Les Sœurs Aveugles de Saint-Paul.

L'asile que les Sœurs aveugles de Saint-Paul offrent aux jeunes filles frappées de cette cruelle infortune qui est la cécité. existe depuis 1852. Il est dirigé par des religieuses voyantes. Depuis sa fondation, l'œuvre a grandi et a rendu d'importants services à la société, mais un tel résultat n'a pu être atteint qu'au prix des plus grands sacrifices.

Les élèves aveugles sont admises dès l'âge de quatre ans. Leur éducation est confiée aux Sœurs voyantes et aveugles, ces dernières partageant leur sort, sentent mieux que personne la nécessité prodiguer leur de les soins les plus affectueux, et, instruites par leur propre expérience, sont capables de leur aplanir les difficultés qu'elles ont eu elles-mêmes à surmonter.

Le programme d'étude est le même que celui adopté dans les meilleures institutions d'aveugles.

Les élèves qui manifestent beaucoup de dispositions pour la musique sont perfectionnées avec soin dans cet art, et si elles se trouvent un jour en état de remplir une place d'organiste, on cherche à leur en procurer une.

Celles qui n'ont d'aptitude ni pour la musique ni pour les sciences en général, sont plus spécialement occupées à des travaux manuels capables de les occuper utilement tels que : travaux de ménage, tricot, filet, crochet, brosserie en tous genres. La brosserie est presque le seul métier manuel quelque peu lucratif qui soit à la portée de la femme aveugle.

Il est reconnu que les brosses et les balais fabriqués par les aveugles sont d'une solidité exceptionnelle : l'aveugle étant obligé de serrer son travail pour bien s'en rendre compte, il ne sait, il ne peut faire de trompe-l'œil.

Quoi de plus intéressant que des jeunes filles aveugles privées de ressources, qui demandent leur subsistance, non à l'aumône, mais au travail !

Notre-Seigneur qui a dit : « Ramassez les morceaux qui restent afin que rien ne se perde », ne veut pas non plus qu'on laisse perdre les forces vives d'aucune de ses créatures : il bénira donc ceux qui emploient le travail des aveugles.

Aux élèves ayant terminé leur éducation et à celles qui arrivent ayant passé l'âge d'étudier qui n'ont ni famille ni moyen d'existence, la communauté offre un asile pour toute leur vie, si elles le veulent, ce qui est pour l'œuvre une bien ourde charge, car beaucoup de ces jeunes personnes ont été admises gratuitement ou ont perdu leur bienfaiteur.

Qu'il nous soit permis de faire remarquer, en passant, la différence qui existe entre un ouvroir et cette œuvre.

Dans un ouvroir, les jeunes filles voyantes, en grandissant, diminuent par l'importance de leur travail les charges de la maison qui les reçoit. C'est tout le contraire qui arrive chez nous, car, à mesure que les jeunes filles aveugles avancent en âge, elles augmentent les charges de notre communauté.

L'œuvre admet également des dames pensionnaires aveugles (1).

C'est au commencement de l'année 1894 qu'est mort M. l'abbé Henri Juge, le fondateur de cette belle communauté hospitalière des Sœurs aveugles de Saint-Paul.

La *Semaine Religieuse* de Paris a publié cette notice biographique et historique digne d'intérêt sur ce saint prêtre et son œuvre :

« Henri-Stéphane Juge naquit à Angoulême, le 14 février 1810. Après avoir achevé ses études classiques au lycée Henri IV, M. Juge fit son droit et s'occupa en même temps de peinture et de chimie. Le séjour de la capitale lui fit négliger quelque temps ses pratiques religieuses, sans toutefois enlever au jeune homme l'amour du travail et la charité envers les malheureux qui fut toujours sa vertu caractéristique.

« A l'âge de vingt-quatre ans, il épousa Mlle Eliane de Bazangour, personne d'une grande piété. Les vertus que M. Juge admirait en elle, réveillèrent les sentiments religieux qui n'étaient qu'endormis.

---

(1) La Communauté des Sœurs aveugles est la seule fondée dans le but spécial de procurer le bienfait de la vie religieuse aux jeunes filles privées de la vue.

« Une visite qu'il]fit au curé de Saint-Mandé, M. l'abbé
Chouisotte, le ramena à la pratique définitive de la vie
chrétienne. Bientôt il entra avec sa jeune épouse dans le tiers-
ordre de Saint-Dominique. Dieu semblait avoir donné à Mᵐᵉ Juge
pour unique mission sur la terre de ramener à lui son mari,
car bientôt elle mourut, après la naissance d'une petite fille
qui ne vécut que quelques heures.

« Le cœur brisé par ce double deuil, M. Juge quitta Palerme
qu'il habitait alors et revint se fixer à Paris. C'était là que
Dieu l'attendait pour lui parler au cœur et lui rappeler la
promesse, que d'accord avec sa femme, il avait faite de se
consacrer à son service dans le cas où la mort viendrait à les
séparer.

« A l'âge de trente-neuf ans, M. Juge se présentait au sémi-
naire de Versailles, acceptant, non sans effort, le joug d'une
règle austère. Ordonné prêtre le 5 juin 1852, il célébra sa
première messe en l'église de Boulogne-sur-Seine, où habitait
alors la famille de sa femme. Presque au lendemain de son
ordination, il accompagna à Rome Mgr Bonamie, archevêque
de Chalcédoine, en qualité de secrétaire et d'interprète, et à
son retour à Paris, se croyant peu apte au ministère des
paroisses, il se retira dans sa famille, attendant que Dieu lui
manifestât sa volonté. C'est alors que la divine Providence, par
l'entremise de M. l'abbé Lambert, le mit en rapport avec
Mˡˡᵉ Bergunion qui commençait l'œuvre des Sœurs aveugles
de Saint-Paul et que le manque de ressources mettait dans
le plus grand embarras ; car, bien que son modeste patrimoine pourvût à ses besoins personnels, il était loin de suffire à
sa nombreuse famille qui croissait chaque jour, et la pieuse
fondatrice se demandait avec anxiété d'où lui viendraient les
secours spirituels et temporels qui lui faisaient absolument

défaut. M. l'abbé Juge s'offrit à elle et lui proposa de remplir les fonctions d'aumônier.

« Mlle Bergunion, en voyant ce bon prêtre, sentit que Dieu avait exaucé les prières que, depuis longtemps, elle lui adressait et accepta, avec reconnaissance, les offres généreuses qui lui étaient faites, ne doutant pas qu'elle aurait en ce vénérable ecclésiastique un bon et puissant auxiliaire. C'est le 22 novembre 1853 que celui qui, après avoir reçu l'autorisation de Mgr Sibour, allait devenir le père et le fondateur de la communauté des Sœurs aveugles de Saint-Paul, célébra la première messe dans leur pauvre petite chapelle de la rue de Vaugirard. A partir de ce moment, il se consacra tout entier à l'œuvre naissante. Sa personne, sa fortune, ses soins, tout devint le patrimoine de ses enfants. Il les aima au point que, maintes fois, elles lui ont entendu dire ces paroles : « Si l'on m'ouvrait le cœur après ma mort, on y trouverait une aveugle. » Pour se faire une idée plus exacte de la cécité et se rendre plus apte à secourir et à consoler cette grande infortune, M. Juge, à peine entré en fonction, s'astreignit à la privation de lumière pour sa toilette et fermait les yeux quand il se promenait seul au jardin, afin que se rendant mieux compte de l'infirmité, il y compâtît davantage.

« Son cœur saignait cruellement de ne pouvoir, faute de ressources, admettre toutes les infortunées qui venaient lui demander un asile et du pain. C'est surtout quand il avait à reprendre que se révélait son bon cœur ; aussitôt qu'il voyait des larmes couler des yeux éteints de ses pauvres enfants, il était désarmé.

« Vaugirard, Bourg-la-Reine, la rue d'Enfer, furent successivement le théâtre où se déploya son dévouement. Après s'être dépouillé de tout, il croyait encore n'avoir rien fait, et lorsqu'il recevait de ses filles quelque témoignage de reconnais-

sance, il leur disait, avec l'accent d'une profonde humilité :
« Ce n'est pas moi, c'est le bon Dieu qui a tout fait, je ne suis
qu'un serviteur inutile. » Les journées de ce serviteur *inutile*
étaient cependant bien remplies ; il les commençait à 4 heures
et, comptant toujours avec l'imprévu, tenait à se mettre
d'abord en règle pour ses exercices de piété. Le bréviaire récité,
M. Juge s'appliquait de toute son âme à la méditation et à la
préparation du saint Sacrifice qu'il célébrait avec une piété et
un recueillement angéliques.

« La vertu qu'il voulait voir briller avant toute chose, parmi
ses enfants, était la charité. Il prêchait sans cesse l'union des
cœurs. « Il faut, disait-il, qu'il y ait une telle fusion entre les
Sœurs voyantes et les Sœurs aveugles que les deux classes de
la communauté n'en fassent qu'une. » Sa charité se répandait
autour de lui ; il se montrait si doux et si affable envers les
ouvriers qui venaient travailler à la maison que tous l'aimaient
et s'estimaient heureux des moindres marques d'intérêt qu'il
leur donnait.

« Pendant la guerre de 1870, il établit une ambulance dans
la maison. Nos soldats devinrent alors l'objet de ses soins et
de sa sollicitude ; il avait pour eux toute la tendresse d'un
père, et eux, de leur côté, se comportaient avec lui comme de
véritables enfants. Aussi quelle ne fut pas leur consternation
quand les émissaires de la Commune vinrent se saisir de lui
et l'emmenèrent comme otage, d'abord au Dépôt, puis à Mazas
d'où il fut transféré à la Roquette. Il faillit être massacré le
27 mai, mais Notre-Dame de Consolation, dont l'image est vénérée dans la chapelle des Sœurs aveugles de Saint-Paul et envers qui M. Juge avait la plus grande confiance et la plus filiale
dévotion, entendit la prière de son serviteur et le rendit à ses
enfantséplorés le 28 de ce même mois, jour de la Pentecôte.
En 1876, dans un voyage qu'il fit à Rome, M. Juge obtint de

S. S. le Pape Pie IX, qui le connaissait déjà, et grâce à la bienveillante recommandation de Mgr Richard, un décret laudatif pour son œuvre.

« Cependant, la carrière active du saint fondateur touchait à sa fin. Le 24 octobre 1881, fête de l'archange saint Raphaël, patron secondaire de l'Institut. M. Juge se disposait à monter à l'autel pour y célébrer les saints mystères, quand Dieu le frappa subitement d'une congestion qui devait pendant douze années le condamner à la souffrance et à l'inaction. Sentant toute l'amertume de sa position, il put savourer à loisir le calice de la douleur. Sa plus grande peine était de ne plus pouvoir offrir la Sainte Victime. Sa patience et sa résignation furent admirables ; aussi quand sonna l'heure de Dieu, elle le trouva prêt.

« En 1882, S. Em. le cardinal Guibert voulut récompenser M. Juge des services rendus par la fondation d'une Œuvre aussi utile que celle des Sœurs aveugles de Saint-Paul et le nomma chanoine de l'église métropolitaine de Paris.

« Au mois de décembre 1893, les forces du vénéré malade diminuèrent sensiblement, et, le 7 du même mois, on jugea prudent de lui faire administrer les derniers sacrements, qu'il reçut en pleine connaissance. Le lendemain, S. Em. le cardinal Richard vint le visiter et lui donner une suprême bénédiction. M. Caron, vicaire général et supérieur de la Communauté, tint aussi à donner au pieux mourant le témoignage d'une particulière et fraternelle affection.

« Le dénouement fatal approchait. Plusieurs fois déjà, les prières des agonisants avaient été dites, et l'âme du saint vieillard semblait attendre un autre signal pour quitter ce monde. On eut l'heureuse pensée de réciter pour le mourant la belle prière à Notre-Dame de Consolation que tant de fois il avait dite pendant sa vie. On en était à ces paroles : « O Marie, consolatrice, de grâce, à l'heure de ma mort, recevez les derniers

soupirs de mon cœur, » quand sa belle âme se dégagea doucement de ses liens mortels pour aller recevoir la récompense
d'une vie tout employée à la faire connaître et aimer. Cette
mort, précieuse devant Dieu, arriva le saint jour de Noël, à
7 heures du soir, au moment où sonnaitl'*Angelus.* »

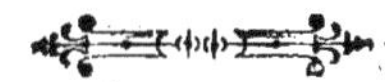

LES SŒURS HOSPITALIÈRES DE L'HOTEL-DIEU DE ROMORANTIN.

Notre confrère, écrivain catholique distingué, M. l'abbé Ernest Plat, curé de Lanthonay (1), a bien voulu nous autoriser à reproduire la curieuse et intéressante notice qu'il a publiée sur les Sœurs de l'Hôtel-Dieu de Romorantin. Cette étude montrera ce que peut faire le dévouement des Sœurs des Hôpitaux dans une simple petite ville comme Romorantin et, par suite, tout le bien qu'elles peuvent faire dans un grand pays comme la France.

I.

Fondation de l'Hôtel-Dieu. — Causes de sa première décadence. — Requête des habitants de Romorantin à Louise de Savoie. — Nouveau règlement. — Les religieuses dominicaines. —Mémoire des sœurs Fadouilleau et Leblond.

AUT-IL conserver les Sœurs de Charité dans les hôpitaux? Grosse question plus que jamais à l'ordre du jour, et sur laquelle les esprits se divisent.

Chassez-les impitoyablement, s'écrient avec colère les sectaires de toutes sortes et les impies forcenés. Avec leur chapelet à la ceinture et leur crucifix sur la poitrine, ces femmes nous déplaisent ; du reste, elles violent audacieusement le grand principe de la liberté de conscience en parlant de Dieu et de la vie future à tous leurs malades. A nos yeux, c'est un crime : qu'on les chasse !

Non, insinuent timidement certaines gens pratiques avant tout, conservons les religieuses dans nos hôpitaux, car elles

(1) Près de Romorantin (Loir-et-Cher).

coûtent beaucoup moins cher que les infirmières laïques. Il y va de notre bourse.

Les hommes droits, amis de la justice, les hommes de cœur que la passion n'aveugle pas, les vrais chrétiens, sans dédaigner la question d'économie, vont chercher plus haut les raisons qui militent en faveur du maintien des Sœurs dans les hôpitaux

Pourquoi les chasser, disent-ils ? Ne remplissent-elles pas leur mission avec dévouement? Elles n'aiment rien plus sur la terre que leurs malades. Elles les aiment sans partage, c'est là toute leur famille ; elles les aiment avec persévérance, c'est le but de toute leur vie; elles les aiment avec désintéressement, de Dieu seul elles attendent leur récompense. Et si, poussées par l'ardeur de leur foi, elles parlent de Dieu au chrétien mourant, si elles rappellent aux déshérités d'ici-bas les espérances d'un monde meilleur, loin de leur en faire un crime n'est-il pas juste au contraire de les encourager comme des messagères de la charité, de les bénir comme des anges de paix et de consolation?

Nous nous rangeons hautement à l'avis de ces derniers. Et aux nombreuses raisons qu'ils apportent à l'appui de leur sentiment, nous ajouterons, spécialement pour les habitants de Romorantin, la reconnaissance.

En effet, pendant plus de trois cents ans, les religieuses, sous un habit ou sous un autre, ont secouru les pauvres et soigné les malades à l'Hôtel-Dieu de Romorantin ; plusieurs fois, dans ce long espace de temps, ces saintes Filles, grâce à leur charité et à leur dévouement, ont contribué à préserver ce précieux établissement d'une ruine certaine, et elles ont ainsi acquis de véritables droits au respect et à la reconnaissance des générations présentes.

Les simples détails que nous allons donner prouveront, sans

qu'il soit nécessaire d'insister, que nous n'exagérons pas les
services rendus par les religieuses.

Nous ne saurions déterminer d'une façon précise à quelle
époque fut fondé l'Hôtel-Dieu de Romorantin. Cet établissement existait dès la fin du xiiie siècle, ou au plus tard au
commencement du xive siècle, puisque Béatrix de Flandre,
morte en 1303, lui fit un legs par testament (1).

Dans ces temps reculés, l'administration de la maison fut
d'abord confiée aux habitants de Romorantin eux-mêmes,
mais ensuite elle tomba insensiblement entre les mains « d'aucuns personnaiges tant ecclésiastiques que laiz lesquels n'ont
fait leur résidence sur le lieu ains (2) y ont mis fermiers et
commis... »

Ce fut une cause de décadence pour le charitable établissement : car ces fermiers, économes infidèles, « ont vendu et
faict leur singulier proufit des fruits et proufits du dit Hostel-
Dieu, et des biens et aumosnes qui ont été donnés... » au lieu
de les employer au service des malades.

Les abus devinrent si criants que « les bourgeois, manans et
habitans de Remorentin » s'en émurent et adressèrent collec-
tivement une requête à Louise de Savoie, mère du roi, à qui
appartenait « la dotation et provision » de l'Hôtel-Dieu.

L'intéressant mémoire adressé à la Reine-Mère ne ménage

(1) Robert de Gien « maistre de la Méson-Dieu de Remorentin a recogneu
« par devant le bailli de Blois qu'il a eu et receu des exécuteurs de homme
« de bon mémoire Monsieur le comte Loys dont Dieux ait l'asme par la
« main Jehan le Mercier de Blois vingt livres monnoie courante, lesquelles
« vingt livres noble dame et puissente Madame la comtesse Béatrix avait
« données et lessées en son testament de darrenière volenté à la dite
« Méson-Dieu..... » Arch. Dép.
Cette Béatrix de Flandre, fille de Gui de Dampierre, comte de Flandre
et d'Isabelle de Luxembourg, épousa en 1292 Hugues de Chatillon, comte
de Blois. Le comte Louis était son petit-fils.
(2) Mais.

pas les indignes spoliateurs des pauvres. « Les pauvres mala-
« des qui se sont retirés au dict Hostel-Dieu, est-il dit, ont été
« mal traités et gouvernés, et les lits, linges-seuils et autres
« choses donnés en faveur d'iceux, pris, distraits, emportés,
« convertis et employés au propre usage des dits fermiers,
« tellement qu'iceluy Hostel-Dieu est demouré spollié et
« dégarni et les bienfaiteurs frustrés de leur bonne intention. »

Pour remédier à tant de maux, les charitables défenseurs des
pauvres conjurent Louise de Savoie « de laisser et mettre le
gouvernement et administration d'iceluy Hostel-Dieu en leurs
mains *comme autrefois a esté* ».

La voix du peuple fut écoutée et ses légitimes désirs
exaucés.

« Voulant et désirant subvenir à la ditte nécessité en manière
« que les pauvres malades, pellerins et mandians qui se reti-
« rent au dit Hôtel-Dieu y soient traités, reçus et gouvernés
« charitablement et aussy afin que les dits habitans et autres
« gens de bien soient plus enclins à donner et distribuer de
« leurs biens au dit Hôpital et que les œuvres de charité soient
« exercées en iceluy », la Reine-Mère rendit aux habitants de
Romorantin, selon le désir qu'ils avaient manifesté, l'administration des biens de l'Hôtel-Dieu, et, pour éviter le retour des
anciens abus, elle établit un nouveau règlement.

A l'avenir les bourgeois et manants auront le droit d'élire à
la pluralité des voix « trois notables personnaiges de la ditte
ville, gens de bien tels qu'ils devront en leurs consciences être
ydoines et profitables pour le dit exercice ».

Les trois candidats seront présentés à la Reine qui choisira
parmi eux le nouvel administrateur : celui-ci, nommé pour
trois ans, sera tenu en entrant en fonctions, de faire un inventaire des biens de la maison, de même qu'en se retirant il
rendra compte de sa gestion aux officiers de la dite Reine « et

autres habitans où ceux qui par eux seront commis a ouïr les dits comptes (1). »

Des dispositions si sages étaient suffisantes sans doute pour garantir la prospérité matérielle d'un établissement de charité ; on avait moins à craindre les détournements et les spoliations. Elles semblèrent encore incomplètes à Louise de Savoie.

L'édifice était consolidé, l'avenir matériel assuré, mais il fallait trouver une main délicate pour soigner les malades, des cœurs généreux et compatissants pour se dévouer à leur service. Comme ces qualités sont rares chez les simples mercenaires, la Reine fit appeler à Romorantin des religieuses de l'ordre de Saint-Dominique (2).

Le document dont nous copions ci-dessous de larges extraits apporte la meilleure preuve de cette dernière affirmation, en même temps qu'il nous donne une véritable idée de la situation de l'Hôtel-Dieu de Romorantin dans le cours du seizième siècle.

Le dernier jour de Mai 1555, les Sœurs Mathurine Fadouilleau et Katherine le Blond, présentèrent à la chambre des comptes du roi une déclaration en règle qu'elles firent suivre d'un état de leur « temporel » et d'un appel à la charité publique (3).

« Lequel temporel et rentes... sont chargées de la nourriture, alliment et entretien de deux religieuses de l'ordre de Sainct-Dominique mises au dict Oustel-Dieu par feue de bonne mémoyre Madame la duchesse d'Angoulesme, mère du défunct roy Françoys, dernier mort (que Dieu absolve) et confirmée par le

(1) Archives de l'Hôtel-Dieu de Romorantin.

(2) A cette époque, la rou‘e de Paris à Toulouse passant à Romorantin, l'Hôtel-Dieu recevait quelquefois 120 et jusqu'à 140 malades. Son revenu ne pouvait suffire à cette dépense, il fallait que la charité des habitants y suppléât. Mss. de Fougères.

(3) Archives nationales S. 4831 bis.

dict défunct roy Francoys pour administrer les pauvres malades mendians tant du dict Remorentin que passans et logent au dict Oustel-Dieu... Plus sont chargées les dictes religieuses de nourrir deux petits enfants trouvez et lessez au dict Oustel-Dieu par les passens, et à cculx faute que ycelles relligieuses nourissent lesquelz enfans leur a esté commandé ce faire de par le Roy et iceulz enfans abiller et entretenir de toutes choses, et ce jusqu'à ce que les dictz enfans soient en aage de mener mestier; oustre faut que les dictes religieuses fournissent le dict Oustel-Dieu de coistes, coissins, couvertures, linceulx et autres ustanciles pour coucher les mallades et passans au dict Oustel-Dieu, et y a au dict Oustel-Dieu grand nombre de lictz qui sont de dix-huitz à vingtz et veu les charges dessus dictes qui sont en grand nombre et plus que ne se pourroit monter la recepte, les dictes relligicuses ne pourroient vivre et entretenir ce que dessus si ce n'estoit l'aumosne qui leur est faicte par les habitans de la ville du dict Remorentin et qu'est ce qu'elles font.

« Messeigneurs les commissaires de par le Roy, il vous plaise de vostre bénigne grâce y avoir esgard par chérité . et ont les dictes relligieuses dessus dictes déclarez que la dicte déclaration qu'elles ont cy-devant faictes contient vérité et ainsy l'ont iuré et affirmé en la présence de moy Jehan Lemeignen, notaire royal au dict Remorentin et des témoignages souscripts qui sont Jehan le Signe, maistre foullon Jean Faon et Sulpice de Troyes, *peigneux* et *cardeux* (1).

(1) Cette conclusion ne manque pas d'une saveur toute locale : à elle seule elle excuserait le désagrément d'une trop longue citation. Nous voyons que nos pères écrivaient certains mots comme ils les prononçaient : ils disaient et écrivaient « *peigneux* et *cardeux* ». Aujourd'hui plus raffiné, un peu plus correct, mais moins conséquent avec lui-même, le peuple écrit *cardeur, peigneur*, et il prononce encore opiniâtrément *cardeux, peigneux.*

II.

Dans le cours de l'année 1585, une épidémie terrible s'abattit sur la ville de Romorantin. Le récit que nous a transmis la tradition est si épouvantable que nous le croirions volontiers exagéré sans mesure par l'imagination populaire, si nous n'avions touché, palpé de nos mains la lettre où le roi de France lui-même raconte les ravages de la peste, et si nous n'avions encore sous les yeux la reproduction exacte par la photographie de ce document original.

La maladie éclata soudainement au mois de mars 1585 e atteignit de nombreux habitants ; puis, comme la bête féroce joue quelque temps avec sa victime avant de l'achever et de la dévorer, l'épidémie sembla ralentir ses coups durant le mois d'avril, mais pour redoubler de fureur dès le mois suivant. Alors les malades sont abandonnés, les morts jonchent les rues et demeurent sans sépulture, presque tous les habitants valides prennent la fuite, et après quelques mois on comptait plus de quatre mille victimes frappées de mort.

Le souffle empesté emportait tout sur son passage. A l'Hôtel-Dieu spécialement, centre de contagion, il n'épargna personne : malades, pauvres, infirmiers, religieuses, disparurent tour à tour.

Lorsque la tempête sera apaisée, comment pourra-t-on réparer de telles ruines ?

L'Hôtel-Dieu aura de nouveau recours à la charité des religieuses ; il ira frapper à la porte du monastère voisin. Sœur Françoise Le Roy, membre de l'abbaye royale du Lieu-Notre-Dame, poussée par son dévouement pour les pauvres, abandonna temporairement sa clôture avec la permission de ses supérieurs et se chargea, conjointement avec quelques autres religieuses (1), de l'administration de l'Hôtel-Dieu.

Cette Sœur a dressé en 1604 un inventaire très complet des biens de l'Hôtel-Dieu ; nous retrouvons encore son nom cité au mois de janvier 1620 (2).

A cette dernière date, Sœur Françoise Le Roy, religieuse professe en l'abbaye du Lieu-Notre-Dame, ordre de Cîteaux, administrateur de l'Hôtel-Dieu, passe au contrat par-devant Léonard Rousselet, notaire à Romorantin, avec « honneste « homme Jacques Pillet, maitre barbier et chirurgien à « Romorantin, qui a promis et s'est obligé à panser et « médicamanter de son estat de chirurgien à son loyal « pouvoir tous les pauvres qui seront retirés dans l'Hostel- « Dieu de cette ville... moyennant la somme de trente livres « tournois pour chacun an ».

Vers le milieu du xviie siècle, les religieuses disparurent de l'Hôtel-Dieu. La sœur Françoise Le Roy, après avoir rempli sa mission, réorganisé la Maison-Dieu et assuré le patrimoine des pauvres, avait-elle tenu à rentrer dans le silence de la retraite, comme la règle l'y obligeait ? Fut-il impossible de

---

(1) Je trouve en effet aux archives de l'Hôtel-Dieu la mention « des religieuses gouvernantes du dit Hôtel-Dieu », en même temps que Sœur Le Roy.

(2) Et même 1626 d'après un rapport conservé à l'Hôtel-Dieu.

trouver d'autres religieuses pour la remplacer à une époque où la voix de saint Vincent de Paul n'avait pas fait surgir partout les servantes des pauvres ? Nous l'ignorons, et nous ne pouvons que constater un fait sans l'expliquer.

Les malades ne restèrent pourtant pas orphelins. Les différents membres de la Confrérie de Charité, Frères et Sœurs (1), inspirés, soutenus par la foi, se chargèrent du soin de ces pauvres déshérités.

Il n'entre pas dans notre cadre, et nous le regrettons, de faire ici l'éloge de ces nouveaux infirmiers, engagés volontaires de la Charité, nous ferons cependant une exception pour deux nobles personnages qui poussèrent le désintéressement et la générosité jusqu'à l'héroïsme, et contribuèrent puisamment au retour des religieuses à l'Hôtel-Dieu.

M. de la Blondellière (2) et son admirable épouse ne se contentèrent pas, comme les autres membres de la *Confrérie de Charité*, de venir à leur tour auprès des malades ; mais, touchés de leur abandon, ils se transformèrent en Frère et en Sœur de Charité, et, le 26 décembre 1673, s'installèrent à demeure à l'Hôtel-Dieu, après avoir donné presque toute leur fortune à cet établissement.

(1) Une première Confrérie de Charité fut érigée à Romorantin, le 11 Octobre 1642, Mgr de Coislin, évêque d'Orléans, réorganisa cette Confrérie déchue de sa première ferveur en 1687, sur la requête du curé de Romorantin et « à l'instar de celle de Saint-Germain-l'Auxerrois, à Paris ». — Archives de l'Hôtel-Dieu et manuscrit de l'abbé Dubois.

(2) M. Pierre Masson de la Blondellière, avocat au Parlement, avait été bailli de Mennetou. Pendant les 35 années que M. de la Blondellière resta à l'Hôtel-Dieu (1673-1708), cette maison vit se réaliser les plus heureuses transformations et ses revenus s'accroître considérablement :

1° En 1675, les biens de la Maladrerie de Saint-Lazare furent réunis à ceux de l'Hôtel-Dieu ;

2° En 1676, un prêtre fut attaché à la chapelle de l'Hôtel-Dieu comme aumônier ;

M. de la Blondellière était là comme au poste d'honneur de la Charité. Mais aussi modeste que généreux et dévoué, ce grand chrétien pensait simplement remplir une sorte d'intérim en attendant une nouvelle installation des religieuses dont il prépara le retour.

Le conseil d'administration de l'Hôtel-Dieu reconnut, dans une délibération du 18 juillet 1681, qu'il était indispensable pour le bien des malades d'appeler des Sœurs hospitalières. Il donna pleins pouvoirs à M. de la Blondellière, premier auteur de la motion, pour réaliser ce louable projet.

Celui-ci se mit aussitôt à l'œuvre avec toute l'ardeur que lui inspirait sa foi et son amour pour ses protégés. En moins d'une année, toutes les réparations, toutes les constructions nécessaires pour l'établissement des religieuses étaient terminées. Malheureusement les nouvelles communautés fondées par saint Vincent de Paul et ses généreux émules comme le vénérable M. Moreau, curé de Montoire, n'étaient pas encore assez riches en sujets pour répondre aux nombreuses demandes qui arrivaient des quatre coins de la France.

Il fallut se résigner et attendre. Et lorsque M. de la Blondellière mourut à l'Hôtel-Dieu, le 8 juillet 1708, peu de temps après sa digne épouse, il était encore, à défaut de religieuses, le très humble serviteur des malades, qu'il soi-

3° 1684. Par ordonnance royale, les biens et revenus du consistoire protestant furent donnés à l'Hôtel-Dieu ;

4° 1688. On lui attribue encore les biens des protestants sortis du royaume ;

5° 1682. On élève des constructions nouvelles en prévision de l'établis.ement projeté des religieuses.

gnait de ses propres mains avec le plus admirable dévouement.(1).

Alors les malades sont abandonnés, les morts jonchent les rues... (Page 157.)

(1) Le testament de M. de la Blondellière est daté du dernier jour de juillet
1689. Ce généreux chrétien laisse à l'Hôtel-Dieu de nombreux titres de
créances, des maisons à Romorantin et à Mennetou, des vignes, plusieurs
domaines ruraux, entre autres : Les Grandes Barres, les Bouquets, Quatre-
Vents, la Buissonnière, etc.

Dieu permet que de tels héros chrétiens tombent au champ d'honneur.

La disparition de M. de la Blondellière fit sentir plus vivement encore l'abandon des malades ; aussi les membres du conseil d'administration multiplièrent-ils leurs démarches pour obtenir des Sœurs hospitalières.

Après une trop longue attente, leurs efforts furent enfin couronnés de succès, et la communauté de Montoire, fondée par M. l'abbé Moreau, de vénérable mémoire, délégua deux de ses membres pour l'Hôtel-Dieu de Romorantin.

Tous, administrateurs et malades, virent arriver avec joie les bonnes religieuses : les uns espérant pouvoir se décharger sur elles d'une grande partie de leur responsabilité (1), les autres attendant tout de leur dévouement et de leurs soins maternels.

Personne ne fut trompé dans son attente. Et les années qui s'écoulèrent entre le rétablissement des religieuses et l'époque de la Révolution furent des années de calme et de prospérité

---

(1) Dans le cours du xviiᵉ siècle, le bureau de l'Hôtel-Dieu étai ainsi composé : M. le lieutenant-général du bailliage, le lieutenant de police, le Substitut, M. le Curé, un receveur, les Echevins, quatre administrateurs, et, depuis 1709, un chanoine de la collégiale.

III.

Comme on se promet de jouir longtemps de l'ombrage et des
fruits d'un arbre vigoureux dont les racines plongent profondément dans le sol, et dont les rameaux s'étalent orgueilleu-
sement à la lumière, ainsi nos pères, en voyant la prospérité
de leur Hôtel-Dieu, espéraient conserver indéfiniment ce
précieux établissement pour abriter les pauvres et retirer les
malades.

Une tempête soudaine, plus terrible que toutes les autres,
vint détruire toutes ces espérances et renverser l'œuvre de
plusieurs siècles.

Lorsque la Révolution éclata, la Sœur Eugénie Venaille et
la Sœur Cécile Villardry, la tante et la nièce, l'une et l'autre
issues d'honorables familles de Romorantin, gouvernaient notre
Hôtel-Dieu. M. Veignault était alors l'aumônier de la maison (1).

(1) Depuis 1676, l'Hôtel-Dieu eut ordinairement un aumônier. « Souvent
aussi un chanoine visitait les malades et un capucin disait tous les jours
la messe. — On chantait la messe tous les dimanches » — 1708 — (Abbé
Dubois). Cet aumônier recevait 180 fr. de rétribution ordinaire en 1709. —
La chapelle dédiée à Saint-Guillaume produisait environ 45 fr. de revenus
en 1708, et n'était chargée que d'une seule messe.

Cette modeste chapelle resta ouverte au public longtemps encore praès

Ce vénérable prêtre, qui fut pendant plus de trente-cinq ans curé de Romorantin, donna tout son modeste patrimoine à l'Hôtel-Dieu et s'y retira avec l'espérance d'y rendre encore quelques services et d'y terminer sa longue carrière.

Prêtre et religieuses ne devaient pas rester longtemps en paix. La question du serment fut comme le premier engagement, le premier coup de feu au matin d'un grand combat. M. Veignault, plus courageux que certains de ses confrères, anciens collègues et vicaires, dont la défection dut profondément l'attrister, refusa de prêter le serment constitutionel, tout en continuant à remplir son devoir d'aumônier, soit à la chapelle, soit auprès des malades.

C'était un double crime aux yeux de l'administration : aussi le procureur de la Commune, dès le 18 juillet 1791, ayant mis les officiers municipaux en demeure « d'employer la force pour empêcher M. Veignault de chanter les vêpres et dire le salut », celui-ci fut contraint de fuir pour éviter l'emprisonnement et peut-être la mort (1).

Les Sœurs Venaille et Villardry, dirigées par leur vénérable aumônier, avaient refusé comme lui de prêter un serment schismatique. Que faire maintenant qu'elles sont privées de ses conseils ? Vont-elles l'imiter dans sa fuite ou rester au

la translation de l'Hôtel-Dieu sur l'emplacement actuel. Mais, en 1882, elle fut fermée, contre le vœu de la population, et affectée à des usages profanes.

(1) M. Veignault, par acte du 1er janvier 1788, avait donné à l'Hôtel-Dieu, où il s'était retiré comme aumônier, tout ce qu'il possédait, savoir : vingt mille francs et son mobilier dont il conservait la jouissance son temps vivant. La Révolution chassa le pauvre aumônier, dissipa l'argent dont elle ne voulut pas même payer les intérêts. — Ce prêtre vénérable mourut à Orléans dans un état voisin de la misère, le 20 nivôse an X.

M. Veignault avait fait prolonger à ses frais la salle des femmes à l'Hôtel-Dieu. Mss. de Fougères.

chevet des malades? Vont-elles chercher le repos dans la
solitude, ou bien, par esprit de charité, subir toutes les
mesquines vexations d'une administration ombrageuse et
tracassière? Après un moment d'hésitation, les conseils de la
Charité l'emportèrent sur la voix de la prudence, ces femmes
courageuses prirent la résolution de rester à leur poste au
péril de leur vie, tant qu'on ne leur imposerait pas le serment,
qu'on ne les obligerait pas à renier leurs vœux, ou à recourir
au ministère de l'aumônier schismatique (1).

Grâce à cette courageuse détermination, les Sœurs se dévouèrent longtemps encore au service de leurs malades ; mais au
prix de quels sacrifices! Chaque jour apporte de nouvelles
angoisses. Tantôt on leur reproche leur refus de serment, tantôt on les presse de se soumettre à une loi qu'elles réprouvent ;
un jour, on les menace d'un châtiment sévère parce qu'elles
refusent d'assister aux offices des prêtres assermentés (2) ; précédemment, la police, dans un rapport dressé contre elles, les
accusait d'empêcher les malades de se confesser au nouvel
aumônier, « de troubler les esprits faibles ou peu instruits par
« des suggestions capables d'altérer la confiance qu'ils doivent
« avoir dans les prêtres constitutionnels (3). »

Le peuple aimait « ses bonnes Sœurs », admirait leur courage et leur dévouement ; les administrateurs de l'Hôtel-Dieu
étaient au fond pleins de sympathie pour elles, et désiraient
vivement leur maintien ; aussi toutes ces menaces furent-elles
longtemps sans effet, et en pleine révolution, au mois de mars

(1) Nicolas-Gabriel Ancelin, de l'ordre de Cîteaux, l'un des derniers
aumôniers de l'abbaye du Lieu-Notre-Dame.

(2) 1er août 1792.

(3) Extrait du registre de police administrative. 28 mars 1792. Procès-
verbal, N° 732.

1793, Sœur Cécile et sœur Eugénie demeurent sans défaillance, debout comme les colonnes d'un édifice détruit par la tempête.

Peut-être même auraient-elles traversé le temps de la Terreur à l'Hôtel-Dieu, si les membres du *Conseil de surveillance* de Romorantin, dignes de leurs tristes fonctions et du nom que portait leur comité, n'avaient veillé au salut de la Patrie ! De concert avec le Conseil municipal, ces hardis patriotes, toujours courageux devant les faibles, décidèrent l'arrestation des religieuses, coupables « de suspicion » et de refus de serment.

Aussitôt, toutes les précautions sont prises pour s'assurer de leurs personnes. « Le juge de paix de la Commune est requis de « venir apposer sur-le-champ les scellés aux meubles et effets « aux susdites femmes... Le commandant de la garde natio- « nale reçoit l'ordre de fournir immédiatement deux sentinelles « à la porte de la maison de l'Hospice, pour ne rien laisser « sortir de la susdite maison, et empêcher de sortir les susdites « femmes, ainsi que de les empêcher de communiquer avec qu « que ce soit. » Et le 27 germinal an II, elles sont conduites comme des malfaiteurs à la maison d'arrêt « ci-devant Capucins » (1).

On ne prendrait pas plus de précautions contre un conspirateur dangereux ou un vil assassin.

La Révolution a toujours eu deux grandes passions dans le cœur : La haine de la religion ainsi que de tout ce qui s'y rattache, et l'amour du bien d'autrui.

Après avoir satisfait, comme nous venons de le dire, la première de ces passions par l'arrestation arbitraire de deux femmes de dévouement, elle n'a pas manqué d'assouvir la seconde en volant, dissipant les biens de l'Hôtel-Dieu.

(1) Délibération extraite du registre du Comité de surveillance. Arch. départ. Série L 419 p. 49 v. 27 Germinal, an II.

Que la Révolution ait confisqué les terres des nobles, les biens du clergé régulier et séculier, c'est un vol manifeste que l'on ne saurait trop flétrir ; toutefois, après cent ans écoulés, on peut facilement en faire son deuil ! Mais mon cœur se révolte encore quand je vois cette indigne marâtre dévorer le bien des pauvres, ses enfants ! Tout est vendu, ou plutôt donné, perdu sans retour. Aussi voyez ce que devient ce pauvre Hôtel-Dieu si prospère à la fin de la monarchie. Nous citerons encore ici, dans toute son étendue, un document officiel pour montrer aux plus prévenus que nous disons la vérité sans parti pris et sans exagération.

Extrait du registre des délibérations de la commune de Romorantin, 2 nivôse an IV (1) :

« L'administration considérant que depuis que les anciens administrateurs de cet hospice ont donné leur démission fondée sur ce qu'il ne leur restait plus de biens à régir ; cette Maison, manquant de surveillance et livrée à la merci des domestiques et autres personnes chargées du soin des malades et d'aucune responsabilité, a *pu éprouver quelques dilapidations* que notamment l'apothicairerie de cet hospice qui lors de la retraite des administrateurs et des femmes qui en avaient soin (2) était bien fournie et conséquemment doublement fructueuse à cette Maison, est totalement dépourvue de drogues nécessaires pour la guérison des malades, que ce qui en reste a été détérioré par les gelées de l'hiver dernier au point de n'être plus d'aucune utilité, qu'il est d'autant plus instant de remonter cette apothicairerie, que le chirurgien attaché au dit hospice a depuis un an fourni à grands frais les médicaments qui lui ont été nécessaires (*sic*) ; et que dans ce moment

---

(1) Archives communales, VII, f. 17. Mairie de Romorantin.
(2) Lisez : Les Religieuses.

ses fournitures en ce genre pendant le trimestre de Vendémiaire s'élèvent à la somme de soixante et treize mille livres (1), que dans tous les temps l'apothicairerie bien administrée a été une branche de commerce conséquente *(sic)* pour le dit hospice, ses fournitures prises ; que l'on ne peut donc trop se hâter de la remonter sur l'ancien pied, ce qu'il sera facile de faire au moyen... des personnes auxquelles elle se propose de confier le soin des malades et de ladite apothicairerie.

« Considérant qu'il n'existe pas d'autres moyens pour rétablir l'ordre et l'économie dans cette maison que ceux proposés par l'administration du dit hospice ; que les malades qui *jusqu'ici ont eu plus d'une fois à regretter l'ancien ordre de choses*, ne pourront que gagner à l'adoption de ces mesures des soins plus assidus et des traitements plus doux et plus humains.

« Est d'avis... que selon l'arrêté pris le 9 courant par l'administration de l'hospice pour *rétablir l'ordre* et *l'économie* dans cette maison, il y sera placé trois personnes ayant l'habitude de soigner les malades. »

Quels aveux dans ce document ; pouvait-on faire un plus bel éloge du passé, des Sœurs, de l'administration, et en même temps une critique plus sévère du présent! Les anciens administrateurs ont donné leur démission parce qu'il n'y a plus de biens à régir (2). Et comme si cet effrondrement n'était pas suffisant pour le malheur des pauvres, les *domestiques* et les *autres*

---

(1) En assignats évidemment.

(2) « Vu la loi du 2 brumaire qui suspend celle du 23 messidor an II, « en ce qui concerne l'administration des établissements de bienfaisance... « Vu que l'administration de l'hospice de la commune de Romorantin s'est « dissoute lorsqu'il n'y a plus eu de bien à régir... Le citoyen Batailler « fut seul chargé provisoirement par l'administration du district de payer « les dépenses de cette maison... » Délibération du 23 brumaire an IV.

personnes (infirmières laïques) chargés du soin des malades se partagent les quelques maigres épaves qui surnagent.

Pour rétablir l'ordre dans cette pauvre maison, procurer aux malades « des soins plus assidus et des traitements plus doux et plus humains », et les empêcher de regretter « l'ancien ordre de choses », les administrateurs nouveaux décident qu'ils appelleront « trois personnes ayant l'habitude de soigner les malades », c'est-à-dire qu'ils confieront en fait de nouveau l'Hôtel-Dieu *aux religieuses ;* car sous cette vague dénomination, ils désignent les sœurs Villardry et Venaille, qui sortirent de prison le 25 vendémiaire an III, sur l'ordre du représentant du peuple Bréval (1), pour rentrer à l'hospice avec le soin « du service intérieur », le 9 nivôse an IV.

On demande à ces saintes femmes de rester jusqu'au bout à un poste périlleux, elles y restent ; on les condamne ensuite à la prison, elles s'inclinent sans murmurer ; maintenant l'admnistration embarrassée les prie de revenir auprès des malades abandonnés, elles répondent avec la plus admirable simplicité : Nous voici... Elles reviennent... Les vêtements de deuil ont remplacé la robe de religieuse qu'elles ne peuvent plus porter, mais leur cœur n'a pas changé. Elles conservent toujours le même attachement à leur foi, la même fidélité à leurs vœux, la même horreur pour le schisme et ses représentants.

(1) « A l'ouverture de la séance, il a été remis sur le bureau un paquet « sous bande contenant un extrait certifié conforme... de l'arrêté du « représentant du peuple Bréval, en date du 25 vendémiaire qui prononce « la mise en liberté des citoyens Hatton (curé de Gy), Bergerat (curé de « Mur), Fourmi (curé de Selles-sur-Cher), Laurent (ex-chanoine) et des « citoyennes Villardry et Venaille... Se sont présentées les citoyennes « Villardry et Venaille, qui vu leur mise en liberté... ont requis la levée « des scellés apposés le 27 germinal sur leurs effets dans l'hospice de cette « commune. » Séance du 4 brumaire an III. Archives départementales. Série L. 419.

Le retour des religieuses permit de rétablir l'ordre et l'économie dans ce qui restait des revenus de l'Hôtel-Dieu, mais il ne pouvait restituer à cette maison les rentes aliénées, les propriétés vendues avec les autres biens nationaux. Aussi fut-il nécessaire d'abaisser considérablement le chiffre des dépenses les plus indispensables (1), de réduire le nombre des lits de 27 à 12 seulement (2), et même, chose plus étonnante, il fut question de supprimer le médecin, faute d'argent pour le payer (3).

Voilà donc où aboutissent tant de déclamations fantaisistes, tant de belles paroles et de brillantes promesses au peuple souverain! L'ordre noūveau devait apporter à ce peuple, avec la liberté, la paix, la fortune, le bonheur, et il ne lui laisse pas même la consolation, bien relative pourtant, d'aller mourir à l'hôpital (4).

(1) Les administrateurs de l'Hospice constatent « qu'ils n'ont pas assez de ressources pour recevoir plus de six ou huit malades ». 20 brumaire an V. Ils affirment que « les revenus de l'Hôpital civil de Romorantin sont réduits au dixième par la vente presque totale des biens de cet hospice, qu'il n'a dans ce moment aucun moyen de remplir ses obligations » 13 nivôse an V.

(2) « Considérant que par la vente de ses biens l'hospice n'est plus à « portée de recevoir autant de malades qu'il le faisait autrefois, et qu'il « a été obligé de restreindre à douze lits le nombre de 27 qui déjà étaient « insuffisants pour admettre les malades les plus indigents de cette « commune, que de ces douze la moitié est le plus souvent occupée par des « militaires, passants..... etc. 22 fructidor an VIII.

(3) On supprime même à MM. Claude Gillet et Dominique Macqaire, médecins, la modeste allocation de 150 francs qu'ils partageaient entre eux pour aller soigner les pauvres à domicile, 20 prairial an VI.

(4) Les sources de la charité sont taries de la façon la plus absolue. Le 5 juillet 1704, une dame veuve Duchon de Montdésir, née Jeanne Gauvignon, avait fondé dix lits à l'hôpital d'Orléans, avec attribution du droit de présentation à la commune de Romorantin pour dix de ses indigents. Jusqu'à la Révolution, Romorantin usa de ce droit ; mais alors

L'arrêté du 15 brumaire an IX, par lequel les consuls remplacèrent les biens aliénés de l'hospice par des rentes sur l'Etat, permit à l'administration de relever le nombre des lits à son ancien chiffre (27), et de soulager un plus grand nombre de malades. Napoléon ayant reconnu ensuite officiellement les religieuses qui avaient été réinstallées par le Conseil municipal, le 9 nivôse an IV, et pris des engagements envers la communauté de Montoire, transférée à Bourges, l'Hôtel-Dieu retrouva sa prospérité des anciens jours (1).

on n'accepta plus que deux malades au lieu de dix, et quand on voulut remplacer l'un de ces derniers, l'administration de l'Hôpital général d'Orléans répondit : « Nous sommes dépourvus de ressources et nous prendrons des indigents quand le gouvernement rendra les biens qu'il a vendus. » 11 floréal 1798.

(1) Sœur Cécile-Eugénie Villardry mourut à l'Hôtel-Dieu de Romorantin, le 26 décembre 1806, âgée de 48 ans. Elle était née à Romorantin. Son père, François Villardry, avait épousé Catherine Venaille.

Sœur Marie-Eugénie Venaille, tante de la précédente, était fille de Etienne Venaille, de Romorantin, et de Catherine Legendre. A cause de son grand âge et pour la récompenser de ses cinquante années de dévouement, elle eut droit, aux termes d'un décret impérial, à un asile dans l'Hôtel-Dieu où elle mourut, le 16 janvier 1813, âgée de 82 ans. L'acte de décès lui donne le titre de supérieure de l'Hospice.

IV.

Généreux bienfaiteurs. — Choléra de 1832. — Dévouement
des médecins et des religieuses. — Appendice : Etat actuel
de l'Hôtel-Dieu.

Les heureuses transformations opérées à l'Hôtel-Dieu sous
le premier empire, et les espérances de stabilité pour l'avenir,
encouragèrent les particuliers à consolider par leurs dons une
restauration rendue nécessaire par les coupables prodigalités
de la Révolution. Ne pouvant donner ici la liste des nombreuses
personnes qui firent des legs plus ou moins généreux à l'Hôtel-
Dieu dans la première moitié de notre siècle, nous constate-
rons cependant avec plaisir que, à côté de MM. Vallois (1),
Cottereau, Couniou, médecin, les prêtres figurent avec
honneur sur le livre d'or de la charité. M. Colladan, ancien
curé de Pruniers, donne de son vivant une maison et des
rentes, et enfin il désigne l'Hospice comme son légataire uni-
versel : M. Jean-Baptiste Desfossé, desservant de Souesmes,
laisse une somme de 8.000 francs, et le vénérable M. Pelletier,
ancien curé de Pruniers, confesseur de la foi dont nous racon-
terons un jour l'émouvante arrestation pendant la Révolution,
envoie du fond de l'exil un dernier souvenir, et comme un
suprême pardon à sa patrie, en léguant la plus grande partie
de sa modeste fortune (13.508 fr.) à l'Hôtel-Dieu de
Romorantin (2).

(1) M. Vallois, directeur des douanes à Bordeaux, légua 10.000 fr. à
l'Hôtel-Dieu, 15 Pluviose, an 13.

(2) M. Pelletier a daté son testament de St-Pierre de la Martinique. lieu
de son exil.

En 1832, le choléra fit son apparition à Romorantin. La
maladie suivit à peu près le même cours que l'affreuse
épidémie de 1585. Elle apparaît comme sa devancière au
printemps, comme elle d'une allure assez bénigne d'abord,
elle sévit ensuite avec fureur, sans arriver heureusement à
faire tomber tant de victimes. Trois cent cinquante-huit habitants furent atteints par le fléau, dont deux cent un
mortellement.

Administrateur, médecins, religieuses remplirent leur devoir
avec dévouement : ces dernières surtout, non contentes de
soigner les nombreux malades apportés à l'Hôtel-Dieu, allaient
les trouver à leur domicile ; et lorsque la science et les soins
furent impuissants à écarter le deuil d'une maison, elles en
éloignèrent au moins le découragement et le désespoir (1).

La discrétion nous oblige à suspendre ici notre chronique.
La supérieure actuelle de l'Hôtel-Dieu, le plus ancien des
fonctionnaires de Romorantin) réside dans cette maison depuis
plus de 50 ans, quelques-une de ses Sœurs en religion travaillent à ses cotés, ou sous ses ordres, depuis de longues
années, nous serions obligé, en poursuivant ce récit, de faire
le panégyrique des vivants et d'alarmer leur modestie, sans
nécessité pour la cause que nous défendons.

Tous ce que j'ai reconté du dévouement des religieuses, des
services qu'elles ont rendus à la maison de l'Hôtel Dieu,
pendant plus de trois cents ans, et dans des circonstances
souvent très difficiles, est bien suffisant pour que je puisse
redire aux habitants de Romorantin ; Chers citoyens, conservez

----

(1) A cette époque(1832), l'Hôtel-Dieu occupait encore ses anciens bâtiments. Les services hospitaliers ne furent transportés dans la maison
actuelle, construite sur l'emplacement du couvent des Capucins, qu'en
1835. Le vieil Hôtel-Dieu sert maintenant de Mairie, d'école, de musée.

auprès de vos malades les Sœurs de Charité, la reconnaissance le demande, la justice vous impose ce devoir.

Pourquoi, du reste, prêcher si longtemps des convertis ? Il n'est nullement question de prendre contre les Sœurs des mesures de rigueur plus fâcheuses pour les malades que pour elles-mêmes. Au contraire, les membres de l'administration, les médecins de l'établissement, hommes de cœur et de bon sens, sont pleins de respect pour les religieuses, d'admiration pour leur dévouement et désirent tous les garder

Pourtant, si dans l'avenir (aujourd'hui on peut tout prévoir et tout craindre), des administrateurs mal inspirés décrétaient votre expulsion, vénérables servantes des pauvres, le jour de la dernière visite à vos malades attristés, je vous en prie, ne leur dites pas *adieu*, mais au *revoir*.

Un jour, au plus fort des terribles luttes de Juin 1848, on se battait sur les barricades du faubourg Saint-Marceau. Une Sœur de charité comme vous dont le nom est resté populaire, Sœur Mélanie (1), ramassait les blessés. Un insurgé, exaspéré à la vue de l'habit et du crucifix de la religieuse, abaisse son fusil vers elle. Un coup de feu retentit..... Un cri d'épouvante sortit simultanément de toutes les poitrines en voyant la blanche coiffure de la Sœur voler au loin. Mais elle, calme et souriante, court ramasser sa cornette, la remet sur sa tête, fait le signe de la croix et revient à sa barricade : Mal visé, mes amis, grâce à Dieu, ça n'est rien, dit-elle ; et elle continue sa mission de dévouement sans distinction de partis : les Filles de Charité n'ont pas de drapeau.

Si de malheureux sectaires, insurgés contre Dieu, contre la

____

(1) Sœur Mélanie de la communauté de Saint-Vincent de Paul, fut l'amie dévouée de la Sœur Rosalie ; elle mourut du choléra devant Sébastopol.

justice et la raison, par haine de votre habit et de votre foi
vous chassent de l'Hôtel-Dieu, votre champ de bataille à vous,
conservez le calme des grandes âmes chrétiennes. Dites à votre
tour : « Mal visé, grâce à Dieu, ça n'est rien. Car, vous aussi, vous
reviendrez. Vous reviendrez comme Sœur Mélanie est remontée
sur sa barricade ; vous reviendrez comme les Sœurs dominicaines appelées par la reine de France ; vous reviendrez
comme vos devancières sont revenues au lendemain de la
peste ; vous reviendrez comme les Sœurs Villardry et Venaille
au sortir de la prison. Vous reviendrez..... Plaise à Dieu que
ce ne soit pas aussi pour réparer des ruines !

Elle releva sa large manche de laine, ouvrit le poignet serré... (Page 183.)

CHAPITRE V.

HÉROÏSME ET DÉVOUEMENT.

Quelques belles histoires de Sœurs. — Sœur Saint-Paulin. — L'histoire touchante
de Sœur Cécile. — Sœur Sainte-Mathilde. — La Mère Saint-Luc. — Sœur
Marthe.

N pourrait écrire d'énormes volumes rien qu'en citant de belles et touchantes histoires de Sœurs. Nous en avons choisi seulement quelques-unes pour montre tout l'héroïsme et tout le dévouement dont sont capables ces Anges de la Charité Chrétienne, dont l'abnégation est à toute épreuve :

SŒUR SAINT-PAULIN.

C'est en 1893 que la Sœur Saint-Paulin, chevalier de la Légion d'honneur, venait de mourir à Oran. Elle est morte sur un champ de bataille qu'elle n'a pas quitté depuis trente ans. C'était une femme admirable, dont l'existence fut tout charité et tout dévouement. Sa mort a causé un deuil profond en Algérie et l'écho en arrive jusqu'à nous.

Le docteur Sondras, sous les ordres de qui elle était placée, a fait d'elle ce touchant éloge :

« Je vis pour la première fois la Sœur Saint-Paulin au mois de septembre 1867, lorsque j'arrivais comme interne en pleine épidémie cholérique. La Sœur évoluait au milieu de ses malades avec une douceur, avec un courage calme et tranquille que j'admirais, et je conçus dès l'abord, pour elle, une estime que les épreuves de la terrible épidémie de typhus de 1868 devaient transformer en une respectueuse sympathie.

« Depuis lors, les nécessités du service nous ont quelquefois séparés, mais jamais pour bien longtemps, et j'étais tout heureux l'année dernière, en fêtant le vingt-sixième anniversaire de mon entrée à l'hôpital, de lui rappeler que cette longue période représentait pour nous deux vingt-cinq années d'une collaboration aussi active qu'affectueuse.

« J'exagérais un peu cependant ; elle m'avait quitté deux fois ; pour prendre en 1884 sous les ordres de M. Fonteneau, le service de l'ambulance cholérique, et, en 1886, sous les ordres de M. Bernauer, le service de l'ambulance des varioleux.

« C'est que l'administration la savait forte entre les fortes et brave entre les braves cette femme, qui, toujours souriante, passait au milieu des maladies les plus terribles sans sourciller et trouvait dans son cœur un mot aimable pour réconforter ceux qui tremblaient, une parole affectueuse pour consoler ceux qui désespéraient.

La République avait décoré cette digne femme en 1885.

Elle eût voulu mourir au chevet des malades comme un soldat ; elle mourut d'une maladie terrible. Lorsqu'elle vainquit sa timidité, se confiant au docteur, son ami, l'opération n'était plus possible avec quelques chances de succès.

Les dernières paroles qu'elle prononça ont été des remerciements touchants, des prières et des recommandations pour
quatre malades. « Allons, ma Sœur, lui disait le médecin, du
courage ; vous reprendrez bientôt votre service et vous porte-
rez longtemps encore votre croix de chevalier si bien
gagnée. »

Elle lui répondit doucement :

« Non, je ne porterai plus ma croix de chevalier de la Légion
d'honneur ; je vais d'ici peu en trouver une autre, la vraie,
car sur cette terre mon rôle est terminé. »

Puis, lui tendant la main : « Adieu, fit-elle, ou plutôt, au
revoir, car, quoi que vous en disiez, nous nous retrouverons
un jour. »

Ce furent à peu près ses dernières paroles ; le délire la
saisit et la délivrance finale arriva quelques heures après.

*
* *

L'HISTOIRE DE SŒUR CÉCILE.

Laissez-nous vous raconter cette touchante histoire qui date
de trois années et qu'il faudrait pouvoir écrire en lettres d'or :

« Un pauvre enfant de quatre ans avait eu, en novembre 1891,
le bras horriblement brûlé du coude à l'épaule.

« Soigné dans la maison religieuse Notre-Dame-du-Perpétuel-
Secours, à Levallois, il était en proie à de vives souffrances.
Les médecins émir ent l'avis de tenter sur le petit être la greffe
humaine. C'est une opération fort douloureuse — pour qui

permet de la faire — surtout lorsque la quantité de peau à donner est considérable. On sait en quoi elle consiste.

« A la personne qui se dévoue on arrache des fragments de peau, qu'on applique tout vifs sur la partie lésée du malade. On nous entretint, il y a quelques années, précisément à l'Académie, d'un cas semblable. Pour sauver leur enfant, reconstituer des parties du visage qui avait été brûlé, le père et la mère avaient consenti à faire prélever sur leur corps des centaines de ces petits morceaux de peau. Ils avaient subi cette torture avec une ineffable joie. Ce sacrifice ne leur coûlait point. Ils furent cités comme exemple. Les académiciens leur dirent des choses très flatteuses et, cette année-là, leur accordèrent la plus haute récompense dont ils pouvaient disposer. Mais ces gens avaient eu auparavant une récompense bien plus belle : leur enfant avait échappé à la mort et à la laideur.

« La femme qui a enduré le martyre pour sauver l'enfant de Levallois a fait plus encore, car elle n'était pas la mère de cet enfant. C'était une belle âme, que la situation du pauvre être apitoya : une Religieuse nommée Sœur Cécile.

« Sœur Cécile, vous êtes une sainte.

« En ce pays, si malheureusement divisé en deux camps, les religieux d'un côté, les non croyants de l'autre, un parti pris de dénigrement ou d'enthousiasme fausse toujours plus ou moins notre jugement.

« Sœur Cécile est religieuse, mais ce n'est pas sa robe, aujourd'hui, qui, entre tant d'autres vierges pieuses, la recommande : c'est ce bras mutilé pour l'amour d'un enfant. Si le nom de cette noble créature est venu jusqu'à nous, ce n'est point parce qu'elle a grossi les rangs de la blanche théorie des Filles du Perpétuel-Secours, c'est parce qu'elle est sortie de ces rangs pour venir donner, au chevet d'un cher petit malade, le spectacle d'une édifiante charité. Toute femme laïque, qui accomplirait, avec cette abnégation, un acte aussi beau, mériterait les mêmes respects. On peut croire que les compagnes de Sœur Cécile en eussent toutes fait autant : le plus sûr, du moins, c'est que Sœur Cécile pour son compte l'a fait. Ne portons pas un jugement téméraire, tenons-nous-en à ce qu'il est acquis. Cela suffit à notre satisfaction optimiste.

« C'est très bien, savez-vous ? Il y a décidément des braves gens sur la terre. Cette femme en prières a entendu les cris de ce petit enfant ; elle est accourue. Bonne et compatissante, elle s'est penchée sur le berceau de douleur, avec de bons yeux caressants. Elle a pensé à Jésus dans sa crèche ; certainement, elle a pu penser aussi à un petit frère laissé au pays.

« L'enfant souffrait : une affreuse blessure déshonorait son petit corps. On a dit près d'elle que, si l'on avait de la peau **vive,** l'enfant serait sauvé, **mais** qu'il n'y avait que les mères **pour faire ce sacrifice et supporter** ce martyre.

« — Et nous, dit-elle, n'avons-nous point fait vœu de souffrir et, pour pouvoir nous enlaidir par des cicatrices volontaires, ne sommes-nous pas mortes à la beauté ?

« On lui dépeignit les douleurs de l'opération, sa torturante minutie. Elle releva sa large manche de laine, ouvrit le poignet serré de sa chemise grossière et tendit son bras nu :

« — Prenez ! Les médecins coupèrent, arrachèrent, cueillirent cette peau saine, au prix, pour la donatrice, d'intolérables souffrances. Le sang, presque libéré, suintait en gouttelettes fines. Et la chère Sœur, qui ressentait par milliers d'atroces piqûres, souriait à l'enfant dans son berceau.

« Humble de cœur, amie du silence pacifiant, effrayée du néant de nos agitations, fuyant les sources de voluptés fécondes en misères, elle s'est, un jour, pour toujours retirée du monde. L'âme plus compatissante que claustrale, se défendant contre l'inutilité d'une vie contemplative, elle s'est vouée aux tâches hospitalières, mais elle s'est défendue de connaître jamais les plaisirs du monde, préférant mourir avec des lis dans les doigts.

« La virginité, disait Balzac, tient dans ses belles mains blanches la clef des mondes supérieurs. »

« Vierge, elle le sera restée selon son vœu, et cependant, par le seul miracle de son courage, il y aura sur la terre un enfant qui lui devra sa seconde existence. Son sang n'aura donc pas été inutile puisqu'elle aura fait de sa vie une nouvelle vie.

« Quel admirable dévouement.

« Un de nos confrères, un homme de lettres, doublé d'un homme de cœur, M. Boyer, d'Agen, a voulu, quelque temps après cet acte de courage, voir Sœur Cécile et le petit malade. Après s'être rendu à l'hôpital, il raconte ainsi sa visite, dans un délicieux petit volume illustré qu'on ne saurait trop répandre (1) :

« ...Mais, en attendant l'avenir, si nous montions, après quelques semaines de traitement, prendre des nouvelles de Sœur Cécile et de l'enfant, à l'hôpital. Un tout petit, tout modeste refuge, dans son baraquement de planches à un étage qui donnent au *Perpétuel-Secours* plutôt l'air d'un châlet de plaisance que d'un asile de douleur, là-bas, au fond de l'interminable avenue de Villiers, dans Levallois-Perret. A quelques numéros moins loin vous avez rencontré l'élégant et confortable hôpital fondé par Richard Wallace pour les sujets anglais qui sont abrités là, sous pignons et tourelles, plus heureux même en terre étrangère que des Français, à douze pas plus loin, dans leur propre pays. Mais, baste ! l'ombre des acacias est la même, pour toutes les maisons de cette rue. Elles s'y

____

(1) *Les héros de la cornette et du tricorne.* — Tolra, éditeur, Paris.

fourrent, comme en des nids bien frais où les oiseaux d'été se trouvent bien... Et je cours voir les miens, sans envier rien de plus à ceux du richissime Wallace.

« A la porte du paisible retrait, c'est le bon fondateur qui m'y reçoit lui-même : le vénérable abbé Raboisson, à la barbe touffue de missionnaire, au visage large et un peu brûlé par les soleils de l'Assyrie qu'il avait explorée en tout sens, avant d'ouvrir ici cet hôpital. — L'Académie des Inscriptions et Belles-Lettres le sait bien, si tout le monde semble ignorer encore les prodigieux travaux de cet obscur cunéographe. Mais le savant a accroché ses ailes à la patère du vestibule qui retient son chapeau et ses jumelles de voyage, et nous n'avons devant nous que le sympathique directeur du *Perpétuel-Secours* qu'il a construit lui-même.

« — Eh bien ! Monsieur l'abbé, vous savez la nouvelle ?

« — Laquelle donc ?...

« — Sœur Cécile est médaillée. — (Pourquoi M. Carnot ne m'a-t-il pas permis de dire *décorée* ?) — Tenez, lisez vous-même le compte rendu de la dernière séance de l'*Enseignement du bien*, où M. Jules Simon a décerné, entre autres, trois médailles : une à l'abbé Margerie, pour son dévouement à Fourmies, le 1er mai 1891 ; une autre à l'abbé Lanusse, aumô-nier de Saint-Cyr, pour son beau livre des *Héros de Camaron;* et enfin la médaille d'honneur à Sœur Cécile, pour son acte héroïque du mois dernier.

« M. Jules Simon, répond l'abbé en souriant, est un brave homme. Mais soyez sûr que Sœur Cécile, qui ne sait encore rien de cette promotion, n'en saura jamais rien. Vous l'avez dit déjà, en écrivant l'éloge de cette sainte Fille, son acte même était sa récompense ; et il y a belle heure qu'elle a oublié. Elle n'a jamais su, d'ailleurs, le bruit que son action si simple avait fait autour d'elle. Le bruit ?... Mais il n'arrive même pas à cette porte, et tant mieux pour nos pauvres malades. Prêtez plutôt l'oreille...

« J'écoute Paris au loin, comme un murmure qui vous endort dans le soleil de cette banlieue verte. Quelquefois, la corne de l'omnibus de Levallois qui souffle... Plus souvent, un oiseau qui chante dans les arbres... C'est tout.

« Je n'ose pourtant croire à tant d'abnégation, dans le sacrifice même. L'abbé comprend mes doutes et m'invite à pénétrer dans l'hôpital, pourvu que je fasse aussitôt disparaître dans mes poches crayons et notes, — mais non avant d'avoir copié, sur un tableau d'honneur lambrissant le couloir, les noms des bienfaiteurs principaux et encore trop rares du *Perpétuel-Secours :* la comtesse de Choiseul, la princesse de Béthune, la duchesse **Pozzo di Borgo, la comtesse Humbert** de Quinzonas ; MM. Albert de Vatimesnil, le baron de Mackau, Albert **Davilliers, Gamard,** l'Archevêque de Paris, le Père Anselme-Marie, **général des** Chartreux, Léon Lefébure, l'abbé d'Arblade, l'abbé Guérard, l'abbé Brisset, etc... Voici la chapelle, dans l'axe des salles, communiquant avec elles par des portes qu'on ouvre, à l'heure de la messe, et l'hôpital entier n'est alors qu'une église. Voici les salles aussi : à droite, celles des femmes ; à gauche, celles des hommes. Dans le jardin que nous regardons par une fenêtre du couloir, un enfant de quatre ans à peine joue d'une main. L'autre est enveloppée d'un bandage.

« — Le petit blessé, peut-être? demandai-je à l'abbé.

« — Précisément! répondit-il, et il appelle : Hé ! p'tit !...

« — B'jour, m'sieur l'abbé !... dit d'une voix toute blanche le doux petit malade, à la figure particulièrement blonde et sympathique, timide presque, mais souriante.

« — Comment t'appelles-tu? lui dis-je.

« — Marcel.

« — Marcel qui?

« — Marcel Tom'y. (Sur la petite plaque qui surmonte son lit, je lirai tout à l'heure : Marcel Tommery, 4 ans, 80, rue de Monceau. Entré le 17 février 1891.)

« — Qui aimes-tu, ici ?

« — Sœur Cici!...

« — Tu sais : moi je l'emmène, Sœur Cécile !

« — Non, s'écrie-t-il. Et, d'une trottée, il s'élance vers la porte du jardin, où il disparaît aussitôt.

« — Où va-t-il? demandai-je à l'abbé.

« — A Sœur Cécile. Dame ! ne l'avez-vous pas menacé de

lui voler sa seconde mère ? Nous allons certainement le retrouver suspendu à la bure de la sainte Fille. Il vous la fera ainsi reconnaître. Mais pas un mot devant elle, de ce que vous savez, de grâce !

« Des salles. Encore des salles. D'un lit à l'autre les Sœurs blanches. Le réfectoire enfin où, à l'heure du déjeuner, les convalescents prennent place à une longue table. Une Religieuse les sert. Grande, forte, belle et toute jeune encore, j'aurais nommé la Sœur Cécile au doux portrait qu'on m'avait fait d'elle, si le petit Marcel, suspendu à la robe blanche et la suivant pas à pas, ne m'avait aussitôt indiqué celle qu'il peut bien appeler sa mère, lui qui en porte la chair dans sa chair depuis deux mois que cette vierge-mère a fait renaître cet enfant. Il me regarde avec des yeux peureux, et serre de plus près celle que je viens lui prendre peut-être.

« Et elle, sans se retourner et sans désirer me connaître, moi qui ne suis pas malade, me trouve bon tout au plus à célébrer son courage en ces lignes qu'elle ne lira jamais :

« — Comment, dit-on ?... fait-elle à son protégé, d'un air de mère.

« — Bonjour ! reprend l'enfant.

« — Bonjour qui ?... continue-t-elle.

« — Bonjour, M'sieur !

« Et c'est tout. Et je laisse la mère et son enfant, elle à sa modestie de sainte Fille, lui à son bonheur de la posséder tout entière et tout seul, — en attendant qu'un autre dévouement, aussi facile à accomplir demain qu'il l'avait été hier, donne, s'il le faut, d'autres frères à ce fils, d'autres fils à cette mère. Surtout ce que je ne puis traduire avec des mots, c'est le charme de ce foyer dont Sœur Cécile est devenue la mère, et dont le directeur est ce prêtre qui m'accompagnait encore jusqu'à la porte de l'hôpital, dans ce parfum de poésie

chrétienne où j'entends l'abbé Raboisson me dire en me
quittant :

« — Après cinq ans de vie dans ce *Perpétuel-Secours*, j'ai
cinquante-quatre lits. Cent mille francs les ont institués, dès
l'origine. Soixante mille francs les entretiennent, chaque année.
Pourquoi, au lieu d'une médaille dont ici l'on ne saura que
faire, M. Jules Simon n'a-t-il pas eu l'idée de nous envoyer
quelques gros sous, ou de fonder enfin le cinquante-cinquième
lit dont Sœur Cécile serait si vivement reconnaissante à l'ho-
norable président ? Cette récompense, je le crois, — et que
M. Jules Simon ne m'en veuille pas trop ! — cette récompense
plaira mieux à la brave fille qu'une médaille d'or qui, si elle
arrive jamais au *Perpétuel-Secours* (j'en avertis d'avance la
Société d'Encouragement au Bien), sera portée bien vite au
Mont-de-Piété... Adieu, Monsieur ! »

*
* *

SŒUR SAINTE-MATHILDE.

Le 11 août 1894, un journal de Boulogne-sur-Mer parlait
ainsi de la Sœur Sainte-Mathilde :

« Hier, 9 août, à 9 heures du matin, en l'église Notre-
Dame, ont eu lieu les obsèques de la Sœur Sainte-Mathilde, reli
gieuse de la Congrégation du Bon-Secours, née Mary Dowling,
de nationalité irlandaise, décédée à Boulogne, le 7 août, à l'âge
de 43 ans et 10 mois, victime de la fièvre typhoïde contractée

à Berck auprès des malades pauvres que, par charité pure, elle avait voulu aller soigner.

« Le sous-préfet de l'arrondissement, le maire de Boulogne, M. le Dʳ L. Ovion, médecin des épidémies, M. le Dʳ Desjardins, le maire du Portel, avec plusieurs membres du Conseil municipal de cette commune, étaient parmi les assistants.

« La Sœur Sainte-Mathilde n'en était plus à faire ses preuves. Mue par une vocation irrésistible, elle ne vivait que pour se dévouer. La souffrance humaine l'attirait et il n'y avait pas d'épidémie où l'on ne fût sûr de la voir apparaître avec son bon sourire, consolatrice et maternelle.

« Naguère encore, en septembre 1892, lorsque le choléra sévissait au Portel avec tant d'intensité, elle était venue et s'était exposée aux plus grands dangers. Qui ne s'en souvient

« Répondant avec le plus grand empressement à l'appel du sous-préfet de Boulogne qui lui demandait assistance, la Congrégation du Bon-Secours, dont on connaît les inappréciables services et la haute humanité, avait confié à cette excellente religieuse la mission périlleuse, mais recherchée et acceptée avec joie, d'aller porter secours aux cholériques du Portel. Là, pendant trois mois, admirablement secondée par la Sœur Sainte-Eulalie, une autre de ses compagnes, animée d'un dévouement égal, et qui était venue l'y rejoindre, la Sœur Sainte-Mathilde, sans cesse au chevet des malades, jamais lasse, rendit les services les plus signalés. Elle ne s'en éloigna, vers la fin de l'épidémie, que pour aller au-devant d'autres fatigues et d'autres dangers dans les localités de l'arrondissement de Montreuil, que le terrible mal venait d'atteindre.

« Aimable et gaie, elle réconfortait les cœurs autant que, par ses attentions, sa vigilance assidue, elle aidait à la guérison.

« Elle succombe à sa tâche sublime en donnant, sacrifice

suprême, sa vie pour son prochain, qu'elle a aimé plus qu'elle-même.

« Les malheureux qui ont bénéficié de son inépuisable charité ne l'oublieront jamais. Ceux-là non plus ne l'oublieront pas, médecins et fonctionnaires, à qui il a été donné de l'approcher et de la voir à l'œuvre, et c'est avec la plus sincère émotion que, sur la tombe de cette noble femme, si simplement héroïque, ils déposent le très humble hommage de leur respect, de leur admiration et de leur reconnaissance. »

LA MÈRE SAINT-LUC.

Voulez-vous connaître toute une vie d'abnégation d'une de ces bonnes Sœurs, lisez ceci :

« Une des Sœurs de l'Hôtel-Dieu, la Mère Saint-Luc, qui vient d'être mise à la retraite de son service, à cause de son grand âge, nous montre toute une vie de dévouement et de labeur.

« Mme Marie Quenette, en religion Mère Saint-Luc, a aujourd'hui soixante-huit ans. Elle est née, en 1826, à Athon (Meurthe-et-Moselle).

« A dix-huit ans, elle s'enfermait avec un pestiféré, couvert de plaies lépreuses, dont nul ne voulait plus approcher. Quand elle pénétra auprès du malheureux, il allait se tuer, désespéré de se voir abandonné de tous. La jeune religieuse pansa ses horribles plaies, le veilla nuit et jour, sans presque prendre de nourriture, jusqu'à ce qu'il expira, bénissant la douce Fille de Dieu qui avait porté le baume sur son corps et son cœur ulcérés.

« Une épidémie de typhus désolait la bourgade. Malgré les supplications de ses parents, Sœur Saint-Luc, en quittant le chevet du lépreux, consacra toutes ses heures à soulager les infortunés atteints par la terrible maladie. Dans un mouvement unanime de reconnaissance, les habitants d'Athon demandèrent la croix de la Légion d'honneur pour la sainte Fille qui se déroba à cette distinction.

« En 1852, la Sœur Saint-Luc était à l'hôpital Saint-Louis. On sait que cet hôpital est plus spécialement affecté au traitement de maladies répugnantes entre toutes. Pendant huit ans, surmontant courageusement tous les dégoûts, la religieuse prodigua les trésors de sa vaillantise et de sa tendresse maternelle à des malades dont les faces ravagées, rongées, eussent fait reculer tout autre d'horreur.

« Elle les dorlotait, s'ingéniait à leur procurer mille petites douceurs, les suivait à leur sortie pour empêcher que la misère ne tuât ceux qu'elle avait arrachés à la mort. »

Ensuite, Sœur Saint-Luc passa à l'Hôtel-Dieu, où elle fut retraitée en 1894, pour être attribuée au bureau central.

Un écrivain, qui a rendu visite à Sœur Saint-Luc, raconte ainsi son entrevue avec elle :

« La Mère Saint-Luc, que nous avons vue, porte allègrement ses soixante-huit ans. Elle est alerte et robuste. Sa figure pleine, profondément ridée, se détache très indécise sur le fond blanc de ses bandeaux. Des yeux bruns, jeunes et doux, éclairent son visage pâle, souriant avec une exquise bonté.

« Elle nous reçoit dans le petit parloir de la communauté, tapissé de gravures représentant le Chemin de la Croix ou des épisodes de la vie des saints.

« — Eh quoi ! Vous savez qu'on m'enlève à mes malades, nous dit-elle, dès que nous lui exposons l'objet de notre démarche. C'est vrai ! J'ai été durement frappée par ce coup. Chacun a son fardeau, il faut le porter avec résignation. N'en parlez pas, ce sera le mieux.

« Il me reste d'ailleurs une belle tâche à accomplir encore.

« Aujourd'hui, nous avons fait cent quarante-deux pansements au bureau central, et l'on m'a conservé ce service. J'aurais bien pu continuer l'autre en même temps, au moins jusqu'à ce que ma retraite me soit donnée ; mais, puisqu'on me crée des loisirs, j'en ferai profiter mes pauvres.

« Si vous saviez de combien de misères je suis témoin ! »

La croix de la Mère Saint-Luc.

« Au bureau central, nous donnons chaque jour les soins indispensables à des malheureux dont on ne veut pas dans les hôpitaux. On leur sert une soupe le soir et il s'en vont, le plus souvent sans gîte pour la nuit, sans pain pour le lendemain. Et c'est la croix que Jésus a mise sur mes épaules : le spectacle de toutes ces misères que je ne peux secourir. J'ai tout donné aux pauvres souffrants, ce que je possédais et moi-même. Ce n'est pas assez !

« Et puisque vous êtes venu me trouver, que cela tourne au bien de mes pauvres : ce sera la plus douce consolation qu'on puisse offrir à mon chagrin. Tenez, j'ai en ce moment deux familles dont le malheur me fend l'âme. Dans l'une, le père et la mère sont alités et il y a onze petits, onze enfants, entendez-vous, qui se trouvent mal... de faim. La mère, parfois, s'arrache de son lit, son dernier né qu'elle allaite entre ses bras, pour faire une demi-journée au lavoir. Dans l'autre, il y a seulement huit marmots... mais ils auraient de l'appétit pour douze, et leurs pauvres entrailles crient sous l'étreinte des ceintures serrées jusqu'au dernier cran.

« Autrefois, l'on m'a offert la croix, je l'ai refusée, car ie ne veux d'autre récompense que la joie d'avoir fait le bien. On m'a décerné une couronne civique, sans me demander mon avis. Qu'on m'aide à payer le loyer de mes malheureux amis, à empâter la marmaille, à rapporter un peu d'espoir à ces désolés, et l'on fera plus que le jour où l'on voulut me décorer et l'on me fera oublier toutes les douleurs de l'heure présente. »

*
* *

SŒUR MARTHE.

« Sœur Marthe, nous a raconté Valentine Desprez, Sœur Marthe s'appelait Anne Biget, et était née à peu de distance de Besançon. Sœur Marthe est son nom de religieuse et celui sous lequel elle est le plus connue. Dès son enfance, elle montra un naturel affectueux et compatissant.

« Un jour, qu'elle portait des gâteaux à ses petites sœurs, elle rencontra, sur le pont de la ville, de pauvres prisonniers. Or, il faut vous dire que, en ce temps-là, les lois étaient très sévères et que les prisonniers n'étaient pas toujours, comme aujourd'hui, de véritables malfaiteurs. De plus, on les traitait fort durement, et souvent même on les laissait manquer de nourriture. Le cœur d'Anne fut ému de compassion et elle donna à ces malheureux, les gâteaux destinés à ses sœurs.

« J'aime à croire que les fillettes ressemblaient à leur aînée, et que, quand celle-ci se présenta à la pension les mains vides, les petites-filles, au lieu de lui faire des reproches, lui sautèrent au cou.

« Anne Biget ne crut pouvoir mieux satisfaire son besoin de dévouement qu'en se faisant religieuse ; c'est alors qu'elle prit le nom de Sœur Marthe. Vint la Révolution; les couvents furent fermés; Sœur Marthe rentra dans la vie civile, sans que cela éteignit son ardeur charitable. Elle s'était fixée à Besançon, et sa très modeste demeure devint bientôt le rendez-vous des enfants, des vieillards et des malades de la classe indigente. C'est à peine si elle avait de quoi vivre, mais elle se refusait les choses les plus nécessaires afin de pouvoir les secourir. Quelle que fût l'âpreté du froid (et les hivers sont rudes à Besançon), jamais elle ne fit de feu pour elle; et sa seule nourriture, pendant douze ans, fut le pain le plus grossier et du lait. Les privations qu'elle s'imposait ainsi lui permettaient de faire plus de bien.

« Son esprit de sacrifice se montrait sous toutes les formes. Un jour, elle se précipita au milieu d'une chaumière en flammes pour en arracher deux petits enfants. Une autre fois, sans savoir nager, elle se jette au secours d'un jeune garçon qui se noyait; mais c'est surtout pendant les guerres du premier Empire que sa charitable sollicitude trouva matière à s'exercer. Tous les blessés indistinctement, qu'ils fussent Français ou Étrangers, devenaient ses amis. Elle allait les chercher jusque

Elle se précipita au milieu des flammes pour en arracher deux petits enfants...
(Page 195.)

sur les champs de bataille, jusque sous le feu des canons. Après une action meurtrière, on était sûr de trouver Sœur Marthe dans les ambulances ou dans les hôpitaux. Elle communiquait à tous la chaleur de cœur qui l'animait, savait contraindre les

riches, dont la bourse était le mieux fermée, à l'ouvrir ; forçait
les ménagères les plus économes à tirer du linge de leurs
armoires ; enrégimentait les jeunes filles, les enfants, pour leur
faire coudre des vêtements ou effiler de la charpie.

« J'ai un portrait de Sœur Marthe ; elle est vêtue comme les
paysannes de la Franche-Comté du siècle dernier, car, tout en
conservant son nom de religion, elle n'en avait pas repris l'habit.
Elle a la poitrine constellée de croix et de médailles, pendues
à des rubans de diverses couleurs. J'en compte jusqu'à sept, et
je ne suis pas sûre de les voir toutes. Ces médailles lui avaient
été envoyées par les souverains de l'Europe, comme témoignage
de reconnaissance des soins qu'elle avait donnés aux blessés
des diverses nations. C'est grâce à Sœur Marthe que la plupart
d'entre eux avaient été guéris et avaient pu rejoindre leur
pays ».

Nous nous permettons de dire à la fin de ce joli récit, que
Sœur Marthe reçut devant un nombreux état-major les félici-
tations du Tzar Alexandre Ier pour les soins touchants qu'elle
avait prodigués aux blessés russes.

LES SŒURS BLEUES AU SÉNÉGAL.

UNE VISITE DES SŒURS BLEUES A BÉHANZIN PRISONNIER.

Les autorités du Sénégal, ayant à décerner des récompenses pour dévouement exceptionnel, à la suite d'une grave épidémie, avaient désigné *à l'unanimité* deux Sœurs de l'Immaculée-Conception, congrégation dont le siège est à Castres.

Voici quelques intéressants extraits d'une lettre écrite à mère par une religieuse établie à Dackar (Sénégal) :

« Un charmant petit carnaval a coupé notre dernier carême. Deux navires de guerre français se trouvaient en rade, ayant à bord *Sa Majesté Béhanzin.* Les officiers de l'équipage sont venus nous faire visite, et le contre-amiral en personne nous a invitées à son bord, nous offrant de faire la connaissance du roi du Dahomey. Jugez si nous avons, tout en riant, saisi la balle au bond. Le lendemain matin, à huit heures, quatorze matelots venaient nous chercher avec une baleinière. Arrivées à bord du navire, qui portait l'illustre *sire* Béhanzin, nous fûmes reçues par le commandant, qui nous fit les honneurs de son salon en attendant qu'on ait prévenu *Sa Majesté noire* que des Sœurs *bleues* demandaient à contempler sa royale personne. Quelques intants après, nous vîmes apparaître Béhanzin, accompagné de sa famille : trois filles et un garçon, plus un de ses parents, qui a été, dit-on, le principal instrument de sa férocité. Tous deux nous ont salué très respectueusement, d'un air fort intrigué, en nous tendant la main que nous leur avons serrée tour à tour, vous comprenez, pauvre maman, avec quelle répugnance !... Béhanzin portait pour tout costume environ deux mètres de je ne sais quelle étoffe, qui lui servait à couvrir l'indispensable : nu-tête, nu-pieds, taille forte, la peau noire, une figure moins méchante que nous le faisaient supposer certains bruits de monstrueuse brutalité. Car il paraît qu'avant de se rendre prisonnier à nos vaillantes troupes, il avait, en dernier sacrifice, égorgé ou brûlé sa propre mère, dans l'espoir d'être mieux gardé par ses dieux. Il est servi à souhait : on vient de l'enserrer à la Martinique.

« Du bateau qui portait le roi du Dahomey, nous avons dû, pour faire plaisir à l'équipage, passer sur la frégate. Dès qu'ils nous aperçoivent, les matelots s'abattent sur l'escalier. Sur le seuil du navire, il a fallu oublier nos misères pour ne pas rougir des honneurs qu'on nous a rendus. Les soldats nous présentent les armes ; les deux commandants viennent nous recevoir accompagnés de l'aumônier du navire, qui nous fait visiter en détail, et en nous donnant mille explications, toute la frégate de long en large et de bas en haut. Puis, pauvre maman, figurez-vous qu'on nous a fait tirer du canon ! A la vérité, la pièce n'était chargée que d'une petite quantité de poudre ; mais, pour faire partir le coup, il fallait tirer un cordon avec aplomb. La plupart de nos Sœurs s'y sont essayées en vain, à plusieurs reprises : ce qui amusait fort les matelots témoins de notre manœuvre. Lorsque mon tour est arrivé, j'ai ramassé toute mon énergie pour qu'on ne rie pas de moi comme des autres : et voilà que j'ai réussi du premier coup,

Puis, figurez-vous qu'on nous a fait tirer du canon ! (Page 200.)

non sans fermer les yeux, car il m'a semblé que je recevais la charge en pleine poitrine.

« Vous voyez, ma chère maman, par cette histoire, que je pourrais si j'avais le temps, faire suivre de plusieurs autres, que nous avons de quoi nous désennuyer sur cette terre d'Afrique ; vous voyez aussi que la distance de ceux qui me sont chers ne m'en fait pas perdre le souvenir. Mais je suis heureuse d'en offrir perpétuellement le sacrifice à mon Dieu. Je sens que Jésus me veut ici : cela me suffit

*
* *

SŒUR ADRIEN.

En 1894, s'est éteinte, dans sa quatre-vingt-dix-neuvième année, au lycée Louis-le-Grand, de Paris, dont elle était l'infirmière, depuis 1849, Mme Nathalie Sautereau, en religion Sœur Adrien.

C'était une curieuse figure que celle de cette vaillante femme, et qui mérite bien, à l'heure où elle disparaît, qu'on s'y arrête, qu'on la fixe en quelques traits, ne serait-ce que pour la rappeler au souvenir de tous ceux dont, potaches, en ces deux tiers de siècle, elle a soigné avec la déconcertante brusquerie qu'elle affectait, mais à laquelle personne ne se laissait plus prendre et qui lui avait valu le surnom de « Sœur Dragon », les bobos imaginaires ou réels.

La Sœur Dragon ! On se sentait tout à coup la haine invincible du *De viris*, l'irrésistible besoin d'une autre atmosphère que celle des sombres salles d'étude. C'était bientôt fait ; avec

la mine de circonstance, on longeait d'un pas alangui la petite haie de lierre bordant le « Jardin de la Sœur », on montait à l'infirmerie ; un pas traînant sur les dalles, c'était elle. On

exposait son cas : « Mal aux dents !... Mal à la tête !... la fièvre ! » Elle pointait droit sur vous, par-dessus ses immuables
lunettes bleues, deux yeux goguenards, grommelait entre ses
dents : « carottier..., paresseux... As-tu apporté tes livres, au
moins ?... Oui, mets-toi là, alors... et travaille, hein ! Ah ! tu
vas prendre une tasse de tisane. » La tisane, « sa » tisane,
sentant bon la réglisse, c'était son triomphe. Il suffisait de déclarer qu'on la trouvait exquise, pour s'assurer ses bonnes
grâces. D'aucuns poussaient le machiavélisme jusqu'à lui en
redemander.

Le cas était-il grave ? Sa longue habitude praticienne — elle
avait, avant d'entrer au lycée Louis-le-Grand, passé huit années à l'hôpital Beaujon — lui permettait de s'en rendre
compte de premier coup d'œil, et elle déployait alors une activité prodigieuse, payant de sa personne, ne quittant pas le
chevet du malade, passant les nuits admirablement secondée
d'ailleurs par ses assistantes religieuses comme elles, sauf une
dévouée aussi celle-là. Mme Wattebled, Fanny, comme on l'appelait plus volontiers, son élève, sa compagne depuis quarante-
trois ans, sa remplaçante peut-être demain, et qui avait pris
le poste occupé de longues années par sa mère, Mme Collot

SŒUR GATEAU.

Nous trouvons, dans la *France Catholique*, cet intéressant récit sur une bonne Sœur d'hôpital :

Le 8 août 18..., les fourriers de la garnison de C..., au Tonkin, furent réunis pour copier l'ordre général suivant :

Ordre général n° 4.

« Une revue des troupes de la garnison sera passée le 20 août, par le général H..., commandant supérieur de la rivière N..., à l'effet de procéder à la réception à la dignité de chevalier de la Légion d'honneur de Mme Marie-Angèle de Tardieu, en religion Sœur Saint-Charles.

« Fait au quartier général, le 7 août 18...

« Signé : Général H... »

. . . .

« Sœur Saint-Charles ! mais ce nom était inconnu aux neuf dixièmes de ceux qui, pour une cause quelconque, avaient dû pénétrer à l'hôpital de C...

« Si l'on eût dit « Sœur Gâteau » ou « Sœur Maryland, » à la bonne heure ! tout le monde eût su de qui l'on voulait parler, car personne ne connaissait Mme de Tardieu autrement que sous l'un de ces deux sobriquets.

« Les comptables de l'hôpital, ayant en leur possession les états civils, se chargèrent de donner ·les renseignements, mais — hasard assez extraordinaire — la principale intéressée ne fut mise au courant de rien.

« Le 20 août arriva. La Sœur vaquait à ses occupations ordinaires. Je la vois encore avec sa guimpe proprettement empesée, faisant pâlir davantage sa face couleur de cire où clignotaient deux petits yeux vifs et noirs.

« Elle était au chevet d'un blessé dont le bras avait été fracturé et qu'elle pansait maternellement, lorsqu'elle entendit les tambours et les clairons des bataillons qui se rendaient à la place d'armes.

« — Tiens, remarqua-t-elle bonnement, qu'est-ce qu'il y a donc ce matin ? Je ne savais pas que le général dût passer une revue.

« Quelques instants après, la porte s'ouvrit et le médecin chef de service parut en tenue n° 1, ganté de blanc :

« — Ma Sœur, le général désire vous parler.

« Par-dessus les lunettes qu'elle portait fort bas sur son nez, afin de mieux voir ses pansements quand elle se courbait, elle regarda le major.

« Puis, presque aussitôt :

« — Le général a le temps, n'est-ce pas? eh bien ! qu'il m'attende.

« Elle montra le blessé :

« — Voilà un gaillard que je ne peux pas laisser à moitié soigné.

« Et s'adressant à son malade, elle eut un mouvement de la paupière qui voulait dire : « n'est-ce pas votre avis ? »

« — Mais, ma Sœur, objecta le major, le général attendra certainement quelques minutes.

« Sans autre préoccupation, elle continua à enrouler ses bandelettes, à poser sa ouate. Elle replaça les diverses fioles d'antiseptiques dans la boîte de sapin portée par l'infirmier de visite, piqua ses épingles sur une petite pelote en médaille accrochée à la bavette de son tablier et, en s'éloignant, glissa un cornet de pastilles de menthe sous le traversin du blessé. C'étaient, du reste, ces fréquentes distributions de gâteries, bonbons ou tabac, qui lui valaient ses deux surnoms. Elle sortit de la salle après avoir fléchi le genoux devant le Christ d'albâtre appendu au mur sur sa croix de bois noir...

« L'hôpital s'élevait sur la place d'armes. Il n'y avait donc pas un long trajet à faire pour aller trouver le général.

« Par les portes ouvertes à deux battants, Sœur Gâteau entre vit l'alignement des compagnies en colonne, le scintillement des baïonnettes au bout des canons, les légionnaires en avant du front, une foule de petits Tonkinois en pantalon large, venus en curieux, et, dans le lointain, les rizières et les palmiers où le

soleil, dans ce ciel bleu, d'un bleu riche, jetait un poudroie-
ment de paillettes rutilantes.

« Elle se tourna alors vers le médecin :

« — Docteur, pourquoi m'avez-vous conduite ici, les Sœurs
n'ont point l'habitude d'aller aux revues ? »

« Le major, ne voulant point s'expliquer outre mesure, l'en-
traîna disant :

« — Venez, ma Sœur, je vous en prie, nous sommes déjà en
retard. »

« Lorsqu'elle se trouva devant le général, il y eut un commandement : « Portez vos armes! » et le soleil illumina
d'éclairs les lames des baïonnettes ; puis un autre commandement : « Ouvrez le ban ! » et un roulement de tambours couvrit
pendant quelques secondes les rumeurs de la foule.

« Le général procéda à la remise de la décoration dans les
formes d'usage, accrocha sur la guimpe blanche le ruban de
chevalier qui faisait une petite tache rouge écarlate.

« Le ban venait d'être fermé, que Sœur Gâteau était encore
là, abasourdie, les manches à demi-retroussées, montrant la
naissance de deux bras blancs de patricienne. Elle baissa les
yeux sur sa poitrine, vit la croix, eut un mouvement d'étonnement, la décrocha, la mit dans la poche de son tablier sans
précaution.

« Et, comme le général navré objectait :

« Mais, ma Sœur !... — »

« Elle le regarda en face fièrement, tira de sa ceinture son
crucifix qu'elle avait l'habitude d'y placer à la façon d'une
arme défensive, puis étendit le bras, le haut du corps rejeté en
arrière, le torse campé, arc-bouté nerveusement sur les jambes,
en disant :

« — Ma croix... mais la voilà ! »

« Elle partit alors vivement.

« Elle fit ainsi dix à douze pas et revint :

« — Dites donc, mon général, demanda-t-elle, est-il vrai que ça rapporte 250 francs par an ?... »

« Et comme le général le lui affirmait, elle tomba brusquement à genoux devant les troupes, et, les yeux levés au ciel, elle s'écria dans un élan d'amour divin :

« — 250 francs par an, oh ! merci, mon Dieu ! cela fera cinq cents paquets de tabac pour mes convalescents. »

APPENDICE

FONDATION DE L'ŒUVRE DES PETITES-SŒURS DES PAUVRES.

L nous a paru intéressant de donner ici en appendice un court extrait de l'ouvrage que Mme Abel Ram a consacré aux *Petites-Sœurs des Pauvres* ou la *Merveille du XIXe Siècle*.

C'était en 1838. M. l'abbé Le Pailleur venait d'être nommé vicaire à Saint-Servan, quand il eut comme une intuition du bien qu'il pourrait faire en fondant, pour les malheureux, une œuvre vraiment philanthropique.

A quelque temps de là, une jeune ouvrière, Marie Jamet, vint se confesser à lui, déclarant qu'elle voulait se faire religieuse. Ce furent cette jeune fille et une autre de ses amies, Virginie Trédaniel, qui devaient être les précieuses collaboratrices du prêtre. A ces deux noms, il faut ajouter celui de Marie Jugan, simple paysanne qui s'en allait bravement par les rues de Saint-Servan, tendant la main et recueillant les restes afin de nourrir deux pauvres infirmes qu'elle avait recueillis.

Ayant ainsi vérifié les bonnes dispositions des deux jeunes amies, les ayant vues à l'œuvre, le bon abbé se disait que maintenant pourrait enfin se réaliser cette vision qu'il avait eue sur la route bordée d'arbres, en venant à Saint-Servan, il y avait deux ans et quelques mois, et que cet édifice, dont il venait de creuser les fondements dans le silence et l'obscurité, devait dès à présent s'élever pierre sur pierre au grand jour et au su de tous. Bénissant donc ces deux faibles instruments de ses grands desseins au nom de la Providence, le bon Père, comme nous pouvons dès maintenant le désigner, se mit à la recherche d'un local convenable pour abriter la vieille aveugle, la première de toute cette longue lignée de petits vieux et de petites vieilles qui maintenant jouissent par milliers de l'hospitalité de la Petite Famille.

Comme nous l'avons déjà dit, l'abbé Le Pailleur était sans fortune, et comme il désirait vivement que ses saints projets ne fussent pas ébruités avant de pouvoir se réaliser, il se trouva très embarrassé ne sachant comment trouver le local en question. Il prit donc pour confidentes les dames Citré, chez qui on se rappela que Jeanne était domestique. Celles-ci se dévouèrent tout de suite à l'aider dans ses recherches, et, après bien des courses et des démarches inutiles, se souvinrent du petit appartement de leur Jeanne, dans la rue du Centre, dont elle partageait toujours le loyer avec Fanchon Aubert, et où il y avait deux ou trois petites chambres inoccupées. « Mais voilà l'affaire toute trouvée ! » s'écrièrent-elles, et pendant qu'elles en parlaient à l'abbé Le Pailleur, elles ne manquèrent pas de lui faire l'éloge de la propriétaire du petit logement, Jeanne, que M. Le Pailleur ne connaissait pas et qui, de son côté, connaissait le jeune vicaire de vue seulement, mais n'avait jamais entendu parler ni de sa pauvre aveugle, ni des deux jeunes filles qui prenaient soin de cette dernière.

Afin de ne pas éveiller la curiosité des voisins, toujours sur le qui-vive dans une petite ville où chacun se préoccupe de tout ce qui regarde le prochain, M. Le Pailleur, au lieu de se rendre chez Jeanne à son domicile, lui donna rendez-vous à son confessionnal pour un certain jour, à deux heures de 'après-midi, heure à laquelle l'église est habituellement peu fréquentée.

Dans cette première entrevue, Jeanne, avec cette simplicité et cette absence de toute préoccupation d'elle-même qui la caractérisaient, ne saisit rien, il paraît, ni des désirs ni des projets du jeune vicaire, et ne comprit nullement pourquoi il l'avait envoyé chercher. Il est à croire que l'abbé ne lui parla pas dans des termes très clairs, désirant se rendre compte de ce qu'était Jeanne avant de s'ouvrir sur ses projets et sur son Œuvre près de naître à une personne qui lui était totalement inconnue. Nous ne savons pas ce qu'il dit à la pieuse servante ; tout ce que nous savons, c'est qu'en quittant le confessionnal, Jeanne ressentit une émotion singulière et un bouleversement intérieur que rien n'expliquait. En rentrant chez ses amies les Citré, elle leur dit : « Ah ! mais ! que ce jeune abbé m'a parlé de choses étranges ! J'ai été si surprise ! Je ne pouvais pas m'imaginer des choses si étonnantes, j'en suis tout émue ?... »

Peut-être que cette émotion, ce bouleversement intérieur étaient les premiers symptômes sensibles d'une vocation qui germait depuis longtemps dans l'âme de Jeanne, et qui n'attendaient qu'une parole pour la faire fleurir. Ses amies n'en revenaient pas et ne comprenaient rien à cette agitation de la part d'une personne toujours si calme. Elles l'assurèrent positivement qu'elle n'avait à se tourmenter en aucune façon, que ce n'était que l'affaire de louer son appartement. Mais non. Jeanne ne se rassurait pas. Il y avait quelque chose là-dedans qu'elle ne comprenait pas et qui la troublait à tel point que ses amies lui conseillèrent de retourner chez M. Le Pailleur afin qu'il la rassurât lui-même.

A ce second entretien la lumière se fit, et Jeanne comprit qu'il y avait une grande œuvre en train de se faire : « Je vois bien, dit-elle au jeune abbé, qu'il s'agit de choses importantes et particulières, et que vous ne me dites pas tout. Vous allez fonder quelque chose avec ces deux jeunes ouvrières et cette pauvre aveugle... Eh bien, moi, j'ai toujours désiré être religieuse, mais mon âge semble être un obstacle à ce bonheur. Admettez-moi ! Associez-moi à votre entreprise ? Vous me faites ressentir plus vivement les aspirations de ma jeunesse, et mon vieux cœur a comme une intuition d'une joie immense qui lui est préparée ; ne me refusez pas l'association avec ces jeunes personnes ! Mais au moins, monsieur l'abbé, pour le petit logement que vous souhaitez, il est dès aujourd'hui à votre disposition ; regardez-le comme vôtre, je suis trop honorée de recevoir la pauvre aveugle et ses deux infirmières. »

M. Le Pailleur remercia Jeanne, l'engagea à consulter son directeur au sujet de sa vocation religieuse, et puis s'entretint avec elle des dispositions à prendre pour la réception de la vieille aveugle dans son appartement, une desquelles, et la principale, était le consentement de Fanchon Aubert, qui était de moitié avec Jeanne dans le petit logement et qui, étant une personne de beaucoup d'ordre et d'habitudes solitaires, pourrait bien voir d'un mauvais œil un tel empiètement sur sa tranquillité. Fanchon, néanmoins, avait le cœur trop tendre pour résister aux prières de Jeanne, et, en vérité, plus elle entendait parler de la petite famille qui cherchait à s'abriter sous son toit, plus elle se sentait attirée vers elle, et elle s'empressa d'offrir à la jeune orpheline, Virginie Trédaniel, de venir habiter tout de suite chez elle pendant que l'affaire se décidait.

Enfin, arriva un beau jour où les trois compagnes, Marie, Virginie et Jeanne, arrivées de la bénédiction du bon abbé, se mirent en route pour chercher leur vieille protégée, et telle était l'ardeur de leur saint zèle, qu'entre elles, elles portèrent la pauvre aveugle dans leurs bras jusqu'en haut du petit escalier étroit, tour de force dont pourra se rendre compte quiconque grimpera, sans fardeau sur les bras, ces marches étroites, inégales et lézardées.

Ce fut le 15 octobre 1840, fête de sainte Thérèse, que cette première chère petite bonne femme, nommée Anne Chauvin, fit son entrée dans le modeste logement des Petites-Sœurs des Pauvres futures et amena avec elle la bénédiction de Dieu. A peine celle-ci fut-elle installée, qu'avec cette audace qui caractérise les âmes tout entièrement dévouées à l'amour de Jésus-Christ, sans s'arrêter devant les considérations matérielles, s'apercevant alors qu'il y avait place pour un lit encore, les trois vaillantes cherchèrent une seconde pauvre créature infirme qui souffrait depuis des années d'une dartre à la jambe, et qu'elles avaient découverte dans une condition de misère épouvantable, et la ramenèrent aussi chez elles dans la petite mansarde hospitalière.

On aurait pensé que les deux chambrettes étaient au complet maintenant. Mais non ! Une jeune fille, Madeleine Bourges, demandait avec insistance de s'adjoindre aux trois amies. A ce moment elle tomba gravement malade et, se voyant sur le point de mourir, supplia avec d'autant plus de ferveur qu'on lui permît de mourir parmi des servantes de Dieu et de se consacrer à Lui sur son lit de mort. On lui fit place donc, en se serrant un peu, quand, au lieu de la mort, l'enfant malade trouva la vie dans cette mansarde bénie de la rue du Centre, vie qu'elle consacra de suite au service de Dieu en la compagnie de ses servantes, et qu'elle lui consacre encore tous les jours sous le nom de Sœur Marie-Joseph, étant de toutes les Petites-Sœurs des Pauvres celle qui peut-être ressemble davantage à Jeanne, la première quêteuse, par la façon intrépide dont elle fait la quête.

Pendant les dix mois suivants, la vie quotidienne de ces cinq pieuses compagnes (car nous pouvons bien compter Fanchon Aubert comme de leur nombre, laquelle, si son âge l'empêchait de se lier à elle par vœu, partageait toutes leurs privations et tous leurs travaux autant que le lui permettaient ses forces, donnant tout ce qu'elle possédait en même temps qu'elle-même au service des pauvres), cette vie s'écoulait tranquillement, sans beaucoup de variation extérieure. Jeanne filait, ou bien lavait quand elle trouvait des journées à faire, rapportant ce qu'elle gagnait (de vingt à trente sous par jour) à la caisse de la Petite Famille, tandis que chaque jour son grand cœur se dilatait de plus en plus envers l'œuvre qui se poursuivait sous ses yeux, dont elle cherchait à prendre toujours sur elle la part la plus lourde, se faisant de plus en plus humble et petite, se gênant et s'imposant des privations de toutes sortes afin de contribuer davantage au bien-être de ses chères compagnes et des deux pauvres vieilles. Marie

Jamet et Virginie travaillaient à leurs coutures de lingerie, s'arrêtant de temps en temps pour soigner leurs chères infirmes, pour les soulager et pour les encourager par de bonnes paroles quand elles souffraient, tandis que le jeune vicaire saisissait tous les moments que les devoirs de son ministère lui laissaient pour venir visiter la petite communauté naissante et la réconforter de ses conseils.

A l'expiration de ces dix mois que l'on peut bien nommer le noviciat de la petite fondation, le bien que faisaient ces âmes ardentes ne leur suffisait plus. Pressé par l'amour de Dieu et des pauvres, le conseil de la mansarde décide qu'il fallait enfin que l'œuvre prît un développement plus étendu. Alors le bon abbé recommanda à ses filles de prier beaucoup et puis de suivre l'impulsion de leurs cœurs généreux, se mettant de son côté à prier avec ferveur pour que la volonté de Dieu fût accomplie. En descendant la rue du Centre, un peu plus bas que l'église, dans la rue de la Fontaine, se trouvait un grand rez-de-chaussée inoccupé, consistant en une salle basse, sombre, humide et extrêmement mal commode, ayant longtemps servi de cabaret. Néanmoins, cette salle avait le grand mérite d'être assez vaste pour contenir douze lits. On persuada donc à Fanchon de se défaire de son ancien appartement, sacrifice qui coûta beaucoup à l'excellente femme ; on se décida à louer cet « en bas », et heureuse et fière fut la petite famille, quand non seulement les deux premières petites bonnes femmes y furent installées dans de bons lits blancs ; mais quand une série de douze de ces bons lits blancs se trouva rangée de chaque côté de l'appartement, chaque lit occupé par une pensionnaire !

LA PREMIÈRE PETITE-SŒUR DES PAUVRES

LA MÈRE MARIE-AUGUSTINE DE LA COMPASSION.

C'est en septembre 1893, que la mère Marie-Augustine de la Compassion, dans le monde Marie Jamet, a rendu sa belle âme à Dieu. Voici le bel article, éloge véritable que lui a consacré la *Semaine Religieuse* de Rennes :

« La première Petite-Sœur des Pauvres vient de mourir. Elle était née en 1820, à Saint-Servan, d'une honnête famille. Elle s'appelait, dans le monde, Marie Jamet, et en religion Marie-Augustine de la Compassion. Sentant un vif attrait pour la vie religieuse et le soulagement des pauvres, elle s'unit à une jeune fille comme elle, Virginie Trédaniel, puis à une personne plus âgée, Jeanne Jugan, et, sous la direction d'un des vicaires de la paroisse, M. l'abbé Le Pailleur, également secourable, on fonda en 1840 l'œuvre des pauvres vieillards.

« Les débuts furent humbles et héroïques. Marie-Augustine de la Compassion, après avoir établi l'asile de Saint-Servan, partit pour Rennes en 1846, pour Tours en 1847, pour Paris en 1849 et fonda dans ces villes, avec le concours de ses dévouées compagnes et des bienfaiteurs qu'elle sut gagner à son œuvre, des asiles de vieillards. En même temps qu'elle était ainsi la principale ouvrière de son ordre naissant, elle en était la supérieure générale, et se faisait remarquer par sa fermeté de décision et une maternelle bonté.

« Souvent, dans ses fondations, elle connut la faim et les extrémités de l'indigence. Elle y laissa sa santé et contracta une infirmité d'estomac pour le reste de sa vie ; mais rien ne put ébranler sa résolution ni la détourner des vieillards pauvres et infirmes. Il en fut de même de beaucoup d'autres Petites-Sœurs. Dieu bénit ses efforts. Elle a eu la consolation et l'étonnement de voir 266 asiles de vieillards, grands comme des hôpitaux, abritant 40.000 vieillards, s'établir et se développer dans les cinq parties du monde !

« On peut juger par là de la foi robuste, du dévouement, de l'esprit de sacrifice de cette humble femme. Elle n'a pas fait de tirades humanitaires, mais elle a aimé Dieu et les pauvres. Grâce aux Petites-Sœurs des Pauvres, la question sociale a été résolue pour d'innombrables vieillards pauvres et infirmes. Cent vingt mille sont morts entre leurs bras et leur doivent le ciel pour la plupart !

« Un caractère remarquable de l'œuvre des Petites-Sœurs des Pauvres, c'est l'esprit de famille. Les pauvres vieillards ne sont pas chez elles comme des étrangers ; ils sont de la maison, ils y vivent, ils y meurent. Les Petites-Sœurs les adoptent et les font en quelque sorte membres de leur famille hospitalière. Un nom touchant résume tout cela : Vieillards et Petites-Sœurs, unis par les liens de la charité, forment ce qu'on appelle « la Petite Famille ».

« Il suffit de pénétrer dans un de leurs asiles pour y reconnaître ce régime d'honnête et vertueuse famille. Les vieillards y sont heureux, à l'aise, contents, chez eux. Cette maison qui les recueille, c'est leur maison ; ces Sœurs qui les soignent sont leurs sœurs. Là est le cachet de l'œuvre : c'est une famille hospitalière.

« Ajoutons qu'elle est fondée uniquement sur la Providence : elle n'a ni revenus fixes, ni rentes à titre perpétuel, ni fondations de lits. Elle dépend pour vivre, répétons-le, de la Providence et de la quête, qui est pour elle le canal ordinaire de cette Providence céleste. Les Petites-Sœurs et leurs vieillards disent chaque jour : *Notre Père qui êtes aux cieux... Donnez-nous aujourd'hui notre pain quotidien...* Et le Dieu qui nourrit les oiseaux du ciel donne chaque jour le nécessaire pour quarante mille personnes.

« Ajoutons que l'œuvre des Petites-Sœurs des Pauvres est, pour les vieillards qui en sont l'objet, l'œuvre de la bonne mort. Après avoir entretenu et consolé leur vieillesse ici-bas, elle les met sur le chemin du ciel et leur donne Dieu, le souverain bien.

« Cet institut si intéressant entre aujourd'hui dans la seconde phase de son existence. Il en est des congrégations religieuses comme de l'Eglise. Celle-ci a eu ses années d'enfance, mais d'enfance bien glorieuse, durant lesquelles encore si près des années mortelles de son divin Auteur et vivant comme sous la tutelle des saints apôtres, elle a donné au monde les plus beaux fruits de sa féconde jeunesse. Puis, passant de cette première existence aux âges successifs de son impérissable vie, elle a traversé également toutes les inégalités des siècles, répandent toujours et partout les mêmes bienfaits.

« Ayons pour l'institution des Petites-Sœurs des Pauvres l'espoir qu'elle participera aux promesses de sa sainte Mère l'Eglise.

« La voilà privée des trois personnalités qui l'ont vue naître. Une humble femme a, dans le principe, contribué puissamment à la naissance et aux premiers ébats de cette charitable Famille de la vieillesse pauvre. Nous voulons parler de la presque célèbre quoique bien modeste Jeanne Jugan. Depuis longtemps déjà la mort l'a enlevée.

« Celui qui, avec elle et avec la vénérée supérieure dont nous pleurons la mort avait servi d'intermédiaire à Dieu pour l'établissement de l'œuvre, a également disparu ; Dieu ayant voulu qu'il prît, comme tant d'autres, le parti de se préparer au grand passage dans la solitude, et de mettre pour prendre l'originale expression d'un saint religieux, un intervalle entre la vie et la mort.

« Voici maintenant la troisième disparition qui se consomme. Les Petites-Sœurs n'ont plus leur Mère ; mais elles ont leur patrimoine, c'est-à-dire un fond immense de bonnes œuvres intarissables qui, confié à l'incorruptible et généreuse banque de la Providence, leur assurera, n'en doutons pas, les bénédictions de l'adolescence et de l'âge mûr, après celles de l'enfance et de la première jeunesse.

« Saluons cette intéressante figure qui disparaît, et voyons, en contemplant sa mort, comment on meurt quand on a vécu pour les pauvres.

« Dimanche soir, 17 septembre, la vénérée fondatrice, au moment où elle allait se rendre à la bénédiction du Saint-Sacrement, se sentit frappée. Un coup d'apoplexie la força à se mettre au lit et lui enleva, en deux jours, successivement la parole, puis le mouvement, puis la vie. Elle vit arriver la mort sans effroi et s'y disposa sans retard. N'avait-elle pas des centaines de fois préparé des vieillards à la mort? Elle reçut en pleine connaissance l'Extrême-Onction, s'unissant avec ferveur et un entier abandon aux prières de l'Eglise. Elle renouvela ses vœux, qu'elle avait pratiqués pendant un demi-siècle, en présence de sa Famille religieuse, menacée de perdre celle qui avait été si longtemps sa mère. Nulle parole ne sortit de sa bouche, qui ne fût une parole de pénitence, de prière, d'amour de Dieu.

« Mardi, 19 septembre, vers midi, elle rendit son âme à son Créateur, au milieu des prières de ses filles, à la Tour Saint-Joseph, maison mère de la congrégation, dans la 74e année de son âge. Ainsi finit cette existence, intimement mêlée à l'une des plus grandes œuvres de la charité catholique, bénie par des milliers de vieillards pauvres. *Requiescat in pace.* »

TABLE DES MATIÈRES

CHAPITRE III.

CHAPITRE IV.

CHAPITRE V.

www.ingramcontent.com/pod-product-compliance
Ingram Content Group UK Ltd.
Pitfield, Milton Keynes, MK11 3LW, UK
UKHW021901070726
13613UKWH00001B/261